神社とは何か

新谷尚紀

講談社現代新書
2646

目次

はじめに

本書は、神社とは何かについて考えてみるものです。その結論は、最後の「おわりに」でのべます。

その結論に至るための作業として、まずは現実に存在している日本各地の神社についての情報をできるだけたくさん集めてみることがたいせつです。結論は、いくつもの根拠となるものを示した上でないと理解されないからです。

しかし、神社の情報といってもその数は膨大です。明治の近代に至り神社を国家が管理するようになり、明治三一（一八九八）年の統計では一九万一八九八社、その後の政府の神社合祀政策によって大正五（一九一六）年には一一万七七二〇社に整理統合されました。昭和一三（一九三八）年の統計では、官国幣社《かんこくへいしゃ》が二〇五社、府県社が一〇九八社、郷社《ごうしゃ》が三六一六社、村社が四万四八二三社、無格社が六万四九六社を数えています。総計では一一万二三八社でした。現在では、全国で約九万六〇〇〇社とか約一〇万社といわれています。ただし、それらをすべて並列してみても、そこからは同じ神社といってもさまざまな神社があるということがいえるだけで、神社とは何かという結論には至れません。

そこで、神社とは何か、という問いに答えられるようなアプローチが必要です。その一つは神社の歴史を遡《さかのぼ》ってみる、その情報を整理してみるという方法です。ただし、文字の記録だけでは十分ではありません。遺跡や遺物からわかることもあります。そして、それらをつなぎあわせて、歴史の中の伝承情報としてそれを読みとる民俗学、民俗伝承学という方法を活用することも必要です。その作業をこれから試みてみますので、順番に読んでいただいてもいいし、関心があるところから読んでいただいてもいいので、どうぞ以下の説明におつきあいください。

日本の代表的な神社といえば、私たちはふつう伊勢神宮《いせじんぐう》や出雲大社《いずもたいしゃ》のことを考えます。では、その伊勢神宮と出雲大社はいつの時代にできたのでしょうか。

両方とも、『古事記』や『日本書紀』の神話の世界から語られている神社で、日本でもっとも古い神社と考えられています。しかし、歴史上の記録からみれば、伊勢神宮は神話や伝承の上での前史はあるものの、その創祀の確実な年代は天武《てんむ》朝の三（六七四）年のことです。出雲大社も、神話の中で語られてきた古い前史のある神社ですが、歴史上の記録は斉明《さいめい》朝の五（六五九）年に出雲国造《くにのみやつこ》に命じて神之宮を修造させたという記事がもっとも古いものです。出雲大社の社殿の造営はそれ以前からでしょうが、それがいつかはあきらかではありません。つまり、古い神社とはいっても文献史料からみれば、伊勢神宮も出雲大社も律令国家形成期の七世紀から確認できる神社なのです。

それに対して、考古学の遺物資料からみれば、それよりも古い時代のことがわかります。まだ神社の社殿がなかった時代のことです。たとえば、玄界灘《げんかいなだ》に浮かぶ宗像沖ノ島《むなかたおきのしま》の祭祀遺跡や、大和盆地を見下ろす三輪山《みわやま》の祭祀遺跡です。その沖ノ島祭祀や三輪山祭祀の時代には、まだ社殿はなく、大きな岩をめじるしとする磐座《いわくら》祭祀を特徴としていました。

その沖ノ島遺跡も三輪山遺跡も、歴史的な時代からいえば、古墳時代中期の四世紀中後期から祭祀が始まった遺跡です。そして、その後の二つの遺跡の変遷を追うと、はじめの磐座祭祀というかたちから、後には禁足地《きんそくち》祭祀というかたちへと移っていったということがわかります。それについては、第二章で説明しますが、要点は、磐座祭祀というのは地上の巨岩に神霊や精霊が宿っているという感覚にもとづく祭祀です。禁足地祭祀というのは天空から神霊や精霊が来臨するという感覚にもとづく祭祀です。そのような古い磐座祭祀と禁足地祭祀というかたちは、現在のような社殿祭祀というかたちが一般的になってきている中にも、日本の各地の神社の中にまだその痕跡をしっかりと残しています。ただし、歴史的には四世紀後半にあらわれた磐座祭祀というかたちは古いとしても、それはそれとして、ではその四世紀以前の神々の祭祀はどのようなものだったのか、という疑問が残ります。

そこでもう一つ、神社の歴史を追跡する上で有効でたいせつな情報と方法がありま す。それは、現在も日本各地にみられる神社のいろいろへの注目と比較という方法で す。大きな神社、小さな神社、だけでなく、たとえば、若狭《わかさ》のニソの杜《もり》、石見《いわみ》の荒神《こうじん》森《もり》、対馬《つしま》の天道地《てんどうち》、薩摩《さつま》・大隅《おおすみ》のモイドン等々、小さな祠《ほこら》、小さな杜、など神を祭ると されている日本各地の大小さまざまな宮や社や祠や杜のたぐいの情報を多く集めて比較し てみる、すると、それらの中に日本の神社がたどってきた歴史が刻まれているということ がみえてきます。さまざまな神を祭る民俗伝承を、歴史情報の一つとして読み解くのが民 俗伝承学です。フォークロア（folklore）と名乗る民俗学ではありません。トラディショノ ロジー（Traditionology：The study of traditions）と名乗る民俗伝承学です。それは柳田國男《やなぎたくにお》が フランス語の「tradition populaire」（トラディシオン・ポピュレール）を民間伝承と翻訳して、 民間伝承の学として創生したものです。それを多くの人はまだ民俗学、つまりフォークロ アと名乗っていますが、それはまちがいです。誤解のもとです。フォークロア民俗学とい う学問は、もともと一九世紀後半のイギリスで、庶民生活の中に伝えられている知識や技 術や慣習や信仰、また伝説や芸能などを対象に、それらの意味を明らかにしようとする目 的で提唱されたものでしたが、その分析上の視点や理論が磨かれることがなかったために 衰退してしまいました。それに代わって発展してきたのが、宗教の起源を霊的存在

spiritual beings への信仰であるとして、アニミズムの理論を説いたE・B・タイラーや、呪術の分類として類感呪術 imitative magic と感染呪術 contagious magic と分類する理論を提唱したJ・G・フレイザーたちによって樹立されていった社会人類学でした。ですから、現在では欧米ではもうすでに、ただ昔話や伝説という狭い意味でだけ使われているのがフォークロアという言葉です。そこで、日本ではいまその民俗学にかえて、より広い歴史科学の一分野として、あらためて名乗るようにしてきているのが民俗伝承学です。歴史の世界を伝承（traditions）と変遷（transitions）の両面一体のものとして、いわば動画の連続の中にあるものとして読み解く方法です。それが柳田國男が創生し折口信夫《おりくちしのぶ》が理解協力して育てた民間伝承学、民俗伝承学なのです。

本書では、この文献史学、遺物考古学、民俗伝承学という三つの学問の協業という観点から日本の神社の歴史を追跡してみました。そこからみえてきたのは、もっとも古いかたちを伝えている、文献史料にも遺物資料にもなかなかその歴史情報を残しにくい素朴な神祭りのかたちとしての、「もり（杜）」への祭りです。そして、それと並行して磐座や禁足地への祭りが古く、それが次第に、「ほこら（祠）」や、「やしろ（社）」や、「みや（宮）」のかたちへ、つまり社殿祭祀という新しいかたちへ、という変遷がありました。では、それらについて、第一章からその一つ一つを具体的に紹介してみましょう。

第一章　神社と宮と社

一　神社は漢語

神社とは何か、ということを考える上では、やはりまずは神社という語について確認しておくところから始めるのがよい。神社というのは和語ではない、漢語である。だから音読みである。その初見は『日本書紀』の天武一三（六八四）年一〇月一四日条の「寺塔神社」という記事だが、それも「じとうじんじゃ」という音読みではなく、「てらのとうかみのやしろ」と訓まれていた可能性も否定できない。

神社：じんじゃという語がふつうに流通するのは、奈良時代の八世紀以降のことである。『類聚三代格《るいじゅうさんだいきゃく》』に収める神亀二（七二五）年七月二〇日付の詔《みことのり》の「神社事」、「諸国神祇社内多有穢臭」の記事や、宝亀八（七七七）年三月一〇日付の太政官符の「掃修神社潔斎祭事」、「若諸社祝等不勤掃修神社損穢」という記事が早い例である。それらは、祝《はふり》が掃き修めて清浄にしておかないと神社は穢《けが》れてしまうという意味の記事である。それは、神社が常設のものとなったからであり、常設の施設であればこそ、その清浄が保たれるように掃除が継続的に必要だという考え方からの記事である。ふさわしい季節にそのたびごとに、祭場をきれいにして神霊を招いて神祭りをするという方法の場合には、祭りの時以外にはその場所は自然のままにしておく、というのがふつうの考え方である。

六年ごとに現れる道　比較枠というレベルの話題だが、フランスのブルターニュ地方の伝統行事にトロメニという、キリスト教と民俗信仰の要素が混在する祭礼行事がある。古い由緒を伝えるフィニステール県のロクロナンという町の事例では、地元に教会所蔵の古文書が残されており、一五八五年の祭礼の記事から確認できる。その後、絶えることなく六年間隔で行なわれてきて、私たちが現地調査したのは二〇〇一年のトロメニであった。恒例のプロセシオン（聖なる行進）は、七月第二日曜日から第三日曜日の間だけ、町の中の聖ロナンのペニティを出発して西へ、北へ、東へとほぼ四辺形を描くようにたどり、最後に帰ってくる計一二キロメートルの道のりである。

その順路には一二ヵ所のスタシオン（休憩祭壇）と二八ヵ所のヒュッテ（仮設祭壇）が六年ごとに設置され、人びとはその聖人たちに祈りを捧げながら行進する。その六年ごとに現れる順路の大部分は、ふだんは山の中や藪の中であったり麦畑の中であったりして、六年ごとに聖なる巡礼のプロセシオンの道として切り開かれる。だから他のふつうの年にロクロナンの町を訪れてもその道はわからない。私たちの事前調査が難航したのもそういうわけであった。麦畑も山野もたとえその所有者が替わってもトロメニの順路に当たっている部分は、麦が刈り取られ、藪も切り払われて大勢の人たちの歩く巡路にされてしまうのである。
神々の祭りや聖なる行事のたぐいが、常設の祭場で行なわれる場合と、臨時に設営される祭場で行なわれる場合とは、いずれが先でいずれが後とか、いずれが主でいずれが従とかというのではなく、神々の祭祀の世界では両者ともに併存して伝承されているとみるのが自然である。

天日隅宮　日本語の神社はもともと漢語だから、『古事記』にその語がないのも自然である。『古事記』では、神の坐《いま》すところとしては、石屋戸《いわやと》、舎《みあらか》、宮《みや》、社《やしろ》がある。これらが日本の古い言葉であったと考えられる。

しかし、その一方、『日本書紀』の神話では、出雲の大己貴神《おおあなむちのかみ》の住まいを宮と呼んでいる。「大己貴神に勅《みことのり》して曰く、(中略)汝《なんじ》は以て神事を治《しら》すべし。又汝が住むべき天日《あまのひ》隅宮《すみのみや》は、いま供造《つく》りまつらむこと、即ち千尋《ちひろ》の栲縄《たくなわ》を以て、結びて百八十紐《ももむすびあまりやそむすび》にせむ。其の宮を造る制《のり》は、柱は高く大《ふと》し。板は広く厚くせむ」とある。

つまり、高天原の高皇産霊尊《たかみむすひのみこと》が出雲の大己貴神にいうには、汝は神事を管轄しなさい。これから汝が住むことになる天日隅宮は、いま造営することにするが、それに当たっては楮《こうぞ》の繊維で綯《な》った非常に長い縄を使う、それを何度も確実にかたく結ぶことにしよう、そして、その宮を造る上では、柱は高く太くして、板は広く厚くしよう、というのである。そして、それは「天日隅宮」と呼ばれるような太陽が美しく輝く巨大な宮だったという。

その出雲の宮については、歴史の時代にも斉明天皇がその五（六五九）年に出雲国造に対して「神之宮」を修厳するように命じたという記事がある。そのときの出雲国造の名前は記録が闕《か》けており不明だというが、その斉明五年というのは、朝鮮半島で唐《とう》と新羅《しらぎ》の圧迫の前に百済《くだら》が滅亡していく前年であり、百済の救援が計画されていた時期である。つまり、出雲の神之宮の修造は、大和王権にとっての戦勝祈願、軍事目的であったといってよい。しかし、翌六六〇年に百済は滅亡してしまい、六六三年に日本は援軍を送るが、白村《はくそん》江《こう》の戦いで唐と新羅の連合軍に敗戦を喫することとなる。

天社・地社　その斉明の子にあたる天武の六（六七七）年五月二八日条には、勅して「天社地社の神税は三つに分ちて一つをば神に擬供《つかえまつ》るためにし二分をば神主に分ち給へ」と命じたとある。この天社地社は「あまつやしろ　くにつやしろ」と訓むのであろう。それは七〇一年成立の大宝令《たいほうりょう》の神祇令《じんぎりょう》にいう天神地祇《てんじんちぎ》の社という意味に通じるものと考えられる。

神祇令の「神の宮」　その神祇令一七条には「常祀之外須向諸社供幣帛者」、二〇条には「神戸調庸及田租者並充造神宮及供神調度」とあり、諸社とか神宮とある。この二〇条の定めは、すでに井上光貞《いのうえみつさだ》が指摘しているように、天武六（六七七）年紀が記す、天社地社の神税はその三分の一を神供に、三分の二を神主に分け与えよという分割の勅に対応するものであろう。ただし、その二〇条の中の神宮の訓みは、訓読みで「かみのみや」であったと考えられる。なぜなら、音読みの「じんぐう」であればそれは伊勢神宮の意味となってしまうからである。「じんぐう」といえば当時は伊勢の神宮を意味したのであり、神戸《かんべ》の調《みつぎ》と田租《でんそ》のすべてを伊勢神宮とその供物にだけ充てるという意味ではない。つまり、二〇条の条文は伊勢神宮についてだけのものではなく、広く各地の神の宮についてのものなのである。

二　宮と社

天皇の宮と自然の社　「みや」「宮」という言葉は、『古事記』や『日本書紀』や『万葉集』では、神の宮という例のほかには、天皇の坐す建物という意味で使われており、その用例は多い。それに対して、「やしろ」「社」という言葉は、『万葉集』四三九一の歌に、

「国々の　社の神に　幣帛奉り　贖祈《あがこい》すなむ　妹がかなしさ」（万葉仮名では「夜之里乃加美《やしろのかみ》尓《に》」とある。意味は、国々の社の神に幣帛を奉り、日ごろの罪穢れを贖うための財物を差し出して祈りをこめているであろう妻が恋しい）とあり、『日本書紀』にも、天社とともに国社とか地社と書かれているように、地方の各地で人びとによってまつられていた自然の神の「やしろ」「社」という意味であった。

御屋と屋代　ここで、古典に詳しい折口信夫の見方を参考にしてみよう。折口の古典の読み解きによると、「みや・御屋」は常在される神の居られる建物のことであり、「やしろ・屋代」は神が来られるときに屋が建つ場所のことだという（折口・一九五〇）。「やしろの神」というのは、山野の精霊あるいは自然庶物の精霊の祭祀から出ているものが多いという（折口・一九二九）。

大きな神と小さな神　折口によれば、日本古代の民衆が神に対して考えていたのは「大きな神」と「小さな神」という二つの神であったという。「大きな神」「天《あま》つ神」というのは、われわれに非常に遠い所や高い所から来られる神である。「小さな神」「国つ神」というのは、われわれに近い所にいる神である。常にわれわれが避けているにもかかわらず、あちらから近寄ってきて災いをする、そういう迷惑な存在である。自然物の岩石草木、動植鉱の物々のそれぞれの中に霊魂が宿っていて、時にその物から離れて、われわれに接近しようとする。そうした接触の機会にいろいろな災いをわれわれがうけることになる。

われわれが今日でもいまだに持っている神の観念の中には、非常に尊い存在としての神を考えていると同時に、このようにわれわれにとって迷惑な存在、気の知れないもの、あるいは恐ろしい霊物、と考えられる一種の神もある。その小さな神、庶物の精霊その他の、人間でないものがもっている、理解を超越したわずらわしい力を恐れて、祝詞《のりと》では、ていねいな、幾分かは媚びるような、敬語的な表現をしている。鎮火・風神・祟神《たたりがみ》などに対する祝詞が、他の大きな神に対する祝詞と同じように、敬語を使っているのはそのためである（折口・一九五〇）。

もの　その小さな神をあらわす語は、ものであった。物部《もののべ》・もののふ・物怪《もののけ》・物代・大物主・ものしりびとなどに共通する古語である。一方、大きな神は、円満な人間的な相貌で、天御中主神《あまのみなかぬしのかみ》の信仰のように、非常に抽象的な、大空に遍満する神を考えていたようである。そのような大きな神は、常にわれわれの住むところにはいなくて、周期的にやってきて、われわれを苦しめる小さな神、ものを抑え却《しりぞ》け降伏させて、再びこの神が来訪するまでは、人間たちに禍をしないことを誓わせて去っていく。

その大きな神の住む世界とは、この人間の世界からは遥かな海を隔てた島や陸であり、あるいは海中であり、大空である、というふうに、人びとの考えにはだんだんの推移があった。他の宗教の言葉で言えば、神の楽土、また浄土などのことである。それは主として海の彼方にあると考えられていた。これが日本における最も古い他界観念であろう(折口・一九五〇)。

このような折口信夫の説は、このまま文献史学の中に位置づけるのはむずかしいかもしれない。しかし、『古事記』、『日本書紀』、『万葉集』の記事を整理してみた上でも、「みや(宮)」と「やしろ(社)」の用語例と矛盾するものではない。むしろ、記録の表面に現れている「みや(宮)」と「やしろ(社)」の用語例の奥底に存在する、構造的な世界を解説している文章として評価できるものといってよいだろう。

三　霊魂観念と他界観念

天空や地上そして大海原《おおうなばら》という自然の恵みの中で生きてきた人間が、太古のむかしからその自然の中に息づく精霊や神霊を感じてきたであろうことは容易に想像できるだろう。ただし、もっとも重要だったのは、われわれホモ・サピエンスの先祖が、その進化の過程で死を発見したことであった（水原・一九八八）。アフリカで発掘されるおよそ三万七〇〇〇年から三万五〇〇〇年前の化石人骨には赤色顔料が塗られていたり装身具がつけられていたりするというが（海部・二〇〇五）、彼らはすでに死を発見した段階にあったと考えられる。

ホモ・サピエンスにとって、死の発見は他界観念と霊魂観念の発生であった。つまり、宗教の誕生である。死の恐怖への扉を開けてしまったホモ・サピエンスは、一気に精神世界のビッグバンの中に投入されてしまい、あの世とこの世、生きていることの不思議、を考えることから逃れられない種となってしまったのである。だから、世界中のあらゆる社会を訪れてみても、霊魂的な観念を反映させる何らかの装置がない社会はどこにもない、一つもないのである。

生理としての飲食や生殖は、すべての人類にとって同じである。しかし、死は発見された文化だから、その対処の仕方は社会や文化によってさまざまである。遺体の処理も土葬や風葬や火葬や鳥葬や獣葬や水葬などさまざまな葬法が行なわれてきた。霊魂の処理も社会や文化によって世界各地で異なる。それと同じく、自然の精霊や神霊や死者の霊魂についての観念も、社会や文化によってさまざまである。

長い歴史の中での人間の交流や戦争などによって文化接触や文化摩擦や文化混淆《こんこう》も積み

重ねられてきているのはもちろんである。しかし、死の観念、精霊の観念、がいずれも文化的な所産であり、社会や文化によって少しずつちがいがあるのはむしろ自然なことといってよい。だから、自然の精霊や神霊や邪霊や悪霊などについての観念にも、それぞれの社会や文化によってさまざまにちがいがみられるのである。キリスト教の教会、イスラム教のモスク、仏教の寺院など、それぞれの信仰における表象物が多様であるのも、それぞれの社会や文化で形成された形象物だからである。そのような人類の文化と歴史の中でという観点から、日本列島の歴史の中で培《つちか》われてきた文化的な所産の一つとしての神社というものを考えてみることにしよう。

第二章　沖ノ島と三輪山の磐座祭祀

日本の神社の原点の一つが社殿祭祀にではなく、磐座祭祀にあったということをよく知らせているのは、考古学的な遺跡としては宗像沖ノ島遺跡や三輪山遺跡である。そして、その磐座祭祀が古代で消滅してしまったわけではなく、現在のように社殿が造営されるようになっても古い磐座が伝えられている例は、紀州の熊野速玉《くまのはやたま》神社の神倉山《かみくらやま》中腹のゴトビキ岩や、それと対をなすともいわれる花窟《はなのいわや》神社の巨大な磐座など、日本各地にみられる。それらほどには目立っていないが、やはり山上の磐座を現在もまつっている神社としては、京都の賀茂川《かもがわ》上流の貴船川《きぶねがわ》流域の貴船《きふね》神社や、桂川《かつらがわ》流域で松尾山《まつおやま》の麓の松尾大社、近江《おうみ》の八王子《はちおうじ》山の麓の日吉山王権現《ひえさんのうごんげん》など、その他にも数多く存在している。

一　宗像沖ノ島

日本古代の確実な磐座祭祀の遺跡として注目されるのが、宗像沖ノ島の祭祀遺跡である。北九州北岸と朝鮮半島南岸との海峡の中間域で、対馬海流の波高い玄界灘に浮かぶ孤島、沖ノ島は古代から神秘の島として信仰の対象とされてきたが、はじめて学術的な調査が試みられたのは第二次大戦後のことである。出光《いでみつ》興産の創業者出光佐三《さぞう》の尽力によって、昭和二九（一九五四）年から三二（一九五七）年、昭和四四（一九六九）年から四六（一九七一）年にかけて、第一次、二次、三次と三回にわたる発掘調査が行なわれて、二二ヵ所

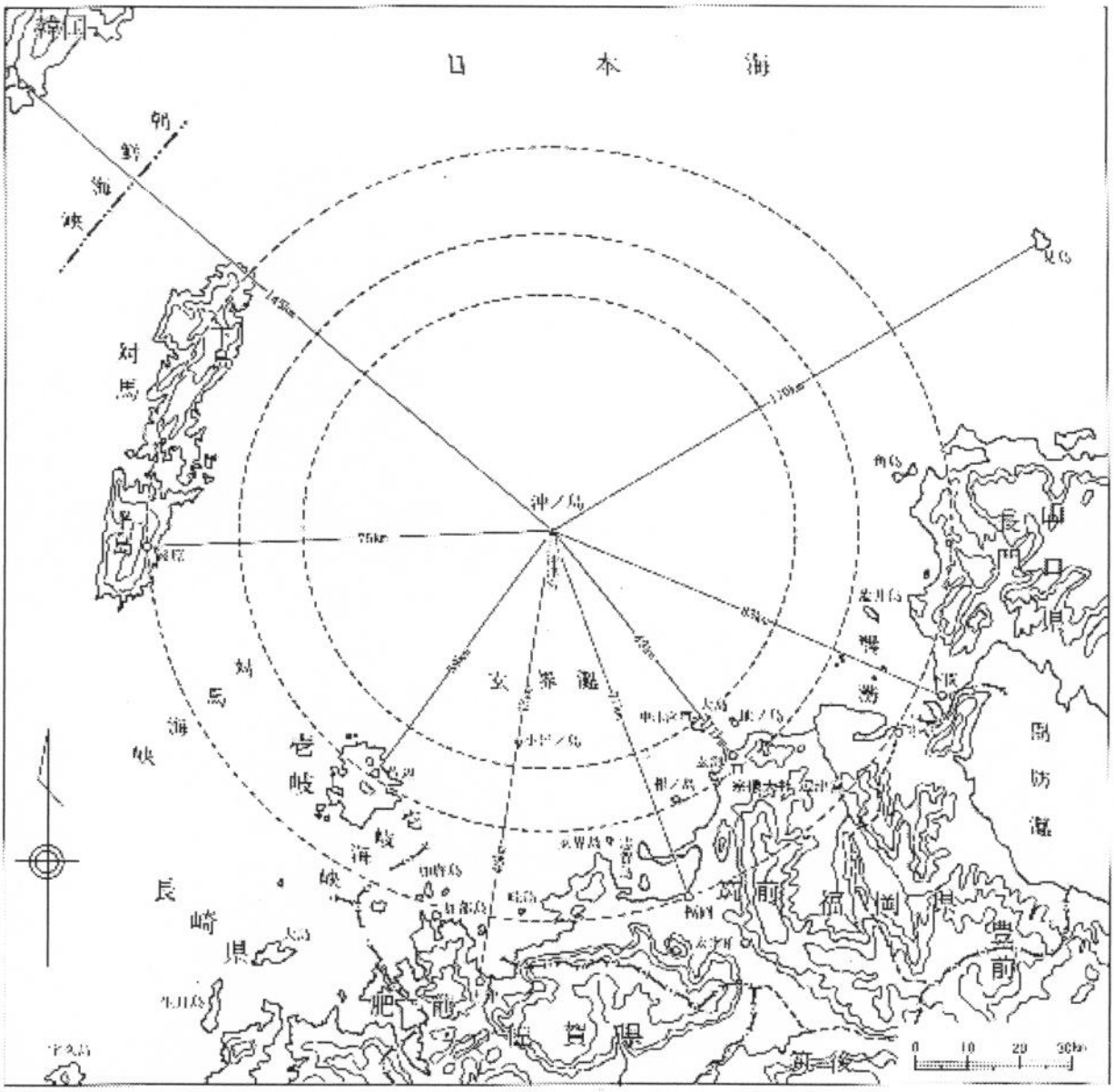

沖ノ島の位置

沖ノ島の遠望

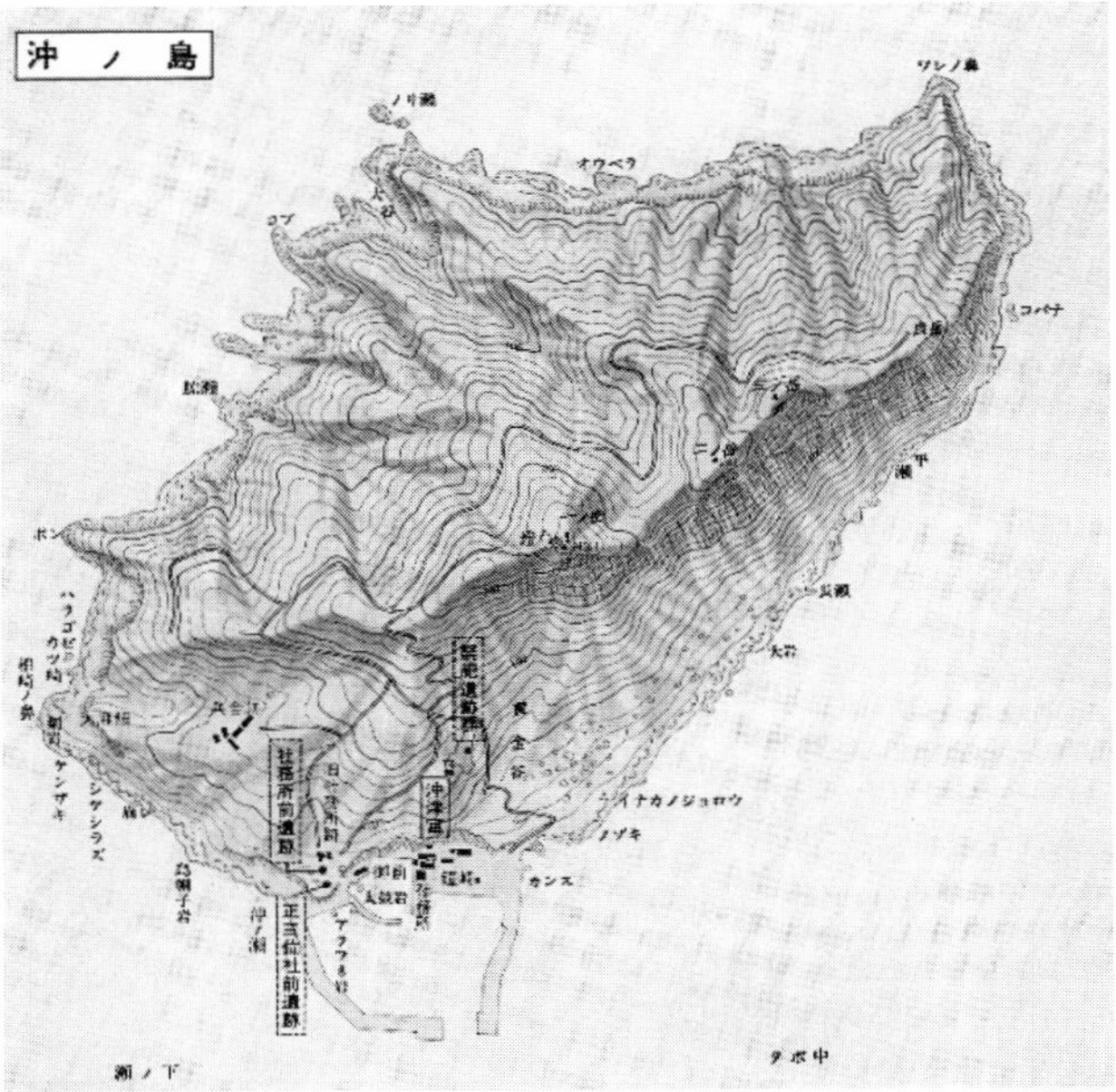
沖ノ島
オウベラ
コブ
ボン
ハラゴゼ
カツ崎
ケンザキ
シケシラズ
沖ノ瀬
祭祀遺跡群
社務所前遺跡
沖津宮
正三位社前遺跡
イナカノジョロウ
ノヅキ
カンス

南西部に祭祀遺跡

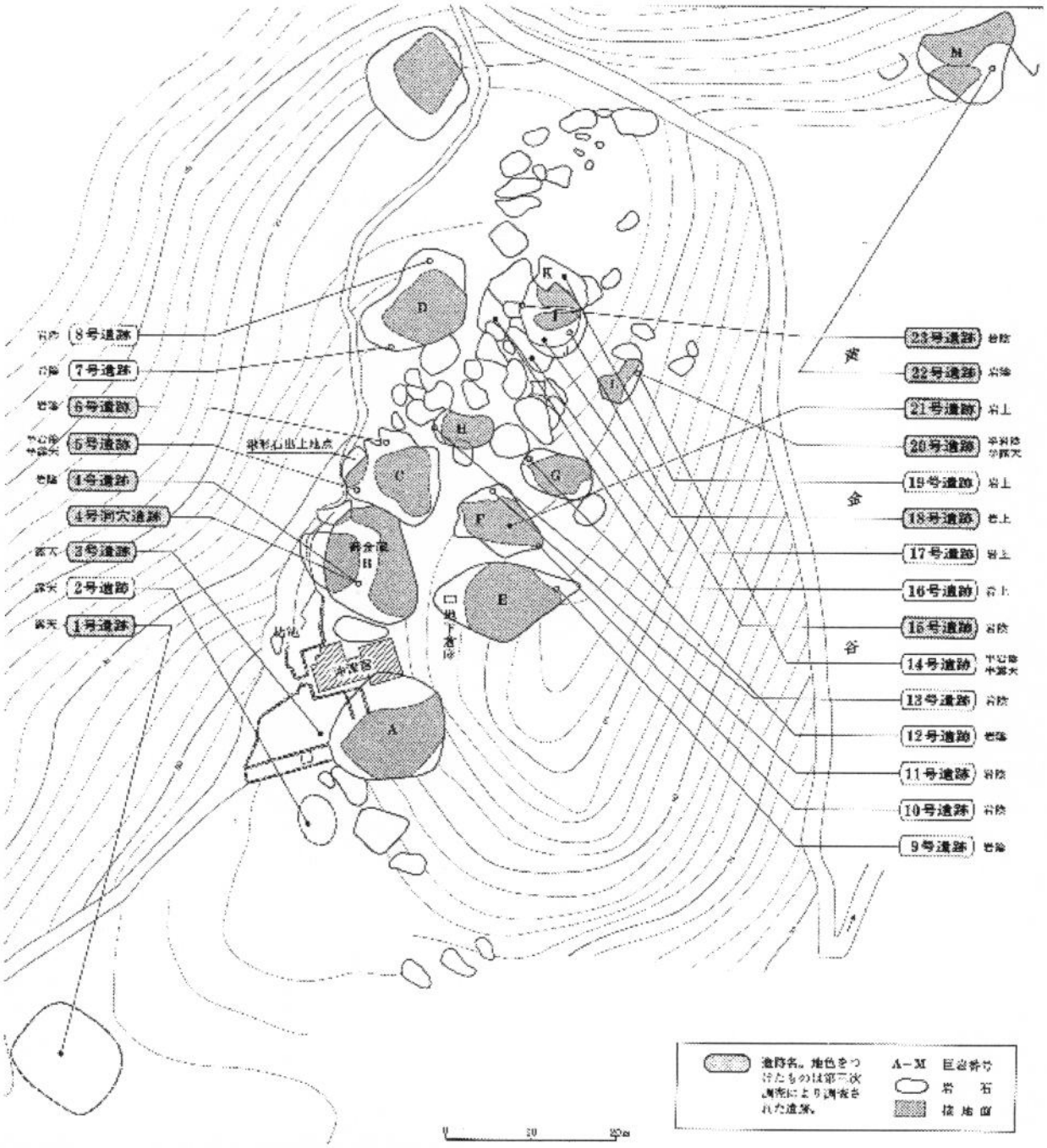

巨岩に４号遺跡—23号遺跡が立地

の古代祭祀遺跡が確認された。そして、その詳細な情報データが『沖ノ島』（吉川弘文館、一九五八）、『続沖ノ島』（吉川弘文館、一九六一）として刊行されている。

磐座祭祀　それらの発掘成果報告書によれば、沖ノ島への祭器奉献の開始の時期は、最古の遺跡と推定される17号遺跡の遺物によって四世紀後半と想定されており、終焉の時期は1号遺跡の遺物によって九世紀後半と想定されている。

最古とされる17号遺跡は、J号巨岩の岩裾の狭い位置に遺物が集中しており、面積わずか三平方メートル弱のところに、銅鏡・鉄製品（剣・刀・蕨手《わらびて》刀子《とうす》）・碧玉《へきぎょく》製品（車輪石《しゃりんせき》・石釧《いしくしろ》・管玉《くだたま》）・滑石《かっせき》製品（勾玉《まがたま》・管玉・小玉・棗玉《なつめだま》）など、約五〇〇点もの大量の遺物が納められていた。その大量の遺物からわかることは、第一にはその相対年代、第二にはその遺跡の性格である。

まず第一の相対年代については、総計八種二一面の銅鏡のすべてが国内産の仿製鏡《ぼうせいきょう》であることから、その母鏡・同型鏡・類似鏡・多数鏡出土遺跡などを基準とする比較によって、大和《やまと》新山《しんやま》古墳より新しく備前《びぜん》丸山《まるやま》古墳より古いと推定され、四世紀末から五世紀初頭の遺跡と想定されている。それは西暦三九一年を基準年とする「高句麗《こうくり》好太王《こうたいおう》碑文」の時代に想定され、倭国の外交戦略が金官《きんかん》加耶《かや》から鉄素材と先進知識を獲得することに集中していた時代に当たっている。

しかし、次の五世紀初頭になると、高句麗による百済や加耶地域への攻撃が強まり、倭国は次第に金官加耶に代わって百済を中心とする新たな外交戦略に転換していく時期に当たっている。つまり、沖ノ島祭祀の開始は、半島における金官加耶や百済との交流の継続と、その一方での高句麗や新羅との対抗という緊張関係の中においてであったということがわかる。

第二の祭祀遺跡の性格について、供献された遺物からわかるのは、前期古墳の副葬品の構成に類似してはいるが、相違点もある。大量の銅鏡は二一面すべて仿製鏡であり、しかも重量の軽い銅鏡が多く、無傷は六面だけであとの一五面は損傷のあるものばかりと、きわめて実用性の薄い鏡である。つまり、古墳の被葬者の威信財としての実用的な財宝の類ではなく、はじめから祭祀用に製作された供献品であった可能性が大である。そして、その他の、鉄剣七口、鉄刀五口、碧玉製の釧・車輪石・管玉、滑石製の勾玉・管玉・小玉・棗玉などは、銅鏡の二一面という多さに比べて、鉄剣七口、鉄刀五口と武具や工具が少ないともいえるが、古墳の副葬品に共通する銅鏡・鉄剣・勾玉という組み合わせ、つまり記紀神話の中に登場しかつ三種の神器の組み合わせにも通じるその組み合わせは見出すことができる。

そして、この17号遺跡のような巨岩への奉献という祭祀の方式が、この沖ノ島遺跡ではその後も継続し、はじめのころは岩上へ、やがて岩陰へ、そして、岩元へと変化していき、最後には巨岩から離れて平地の禁足地への祭器奉献へと移っていく。そのような磐座祭祀から禁足地祭祀へという変遷がこの沖ノ島遺跡では具体的に追跡できるのである。

時代の変遷とともに奉献される祭器類にも変化がみられることについて整理してみたのが、三三頁の表である。主要な変化は、四世紀後半の17号遺跡では、銅鏡・鉄剣・勾玉の三種の神器に通じる組成であったが、五世紀の21号遺跡ではそれに加えて鉄鋌が主要な位置を占めるようになっているという点である。倭の五王の時代であり、鉄資源の需要の増大がその背景として考えられる。この21号遺跡はまた、巨岩の上に祭祀の場所を移しているという点も注目される。

次の六世紀の7号遺跡と8号遺跡では、岩上ではなく岩陰へとその位置を移している点がまず注目される。そして7号遺跡の金銅製馬具類や、8号遺跡のカットグラスなどは、朝鮮半島の新羅や百済から、また遠く中央アジアのササン朝ペルシアから中国へそして朝鮮半島を経由して日本にもたらされた正倉院《しょうそういん》伝来のカットグラス碗や上賀茂《かみがも》神社境内出土のカットグラス碗片とも同類のものであり、この時代の国際性豊かな政治外交情勢を反映しているといってよい。

17号遺跡・側面観（鏡・刀剣が見える）

17号遺跡・斜上面観（鏡・刀剣・石釧・車輪石が見える）

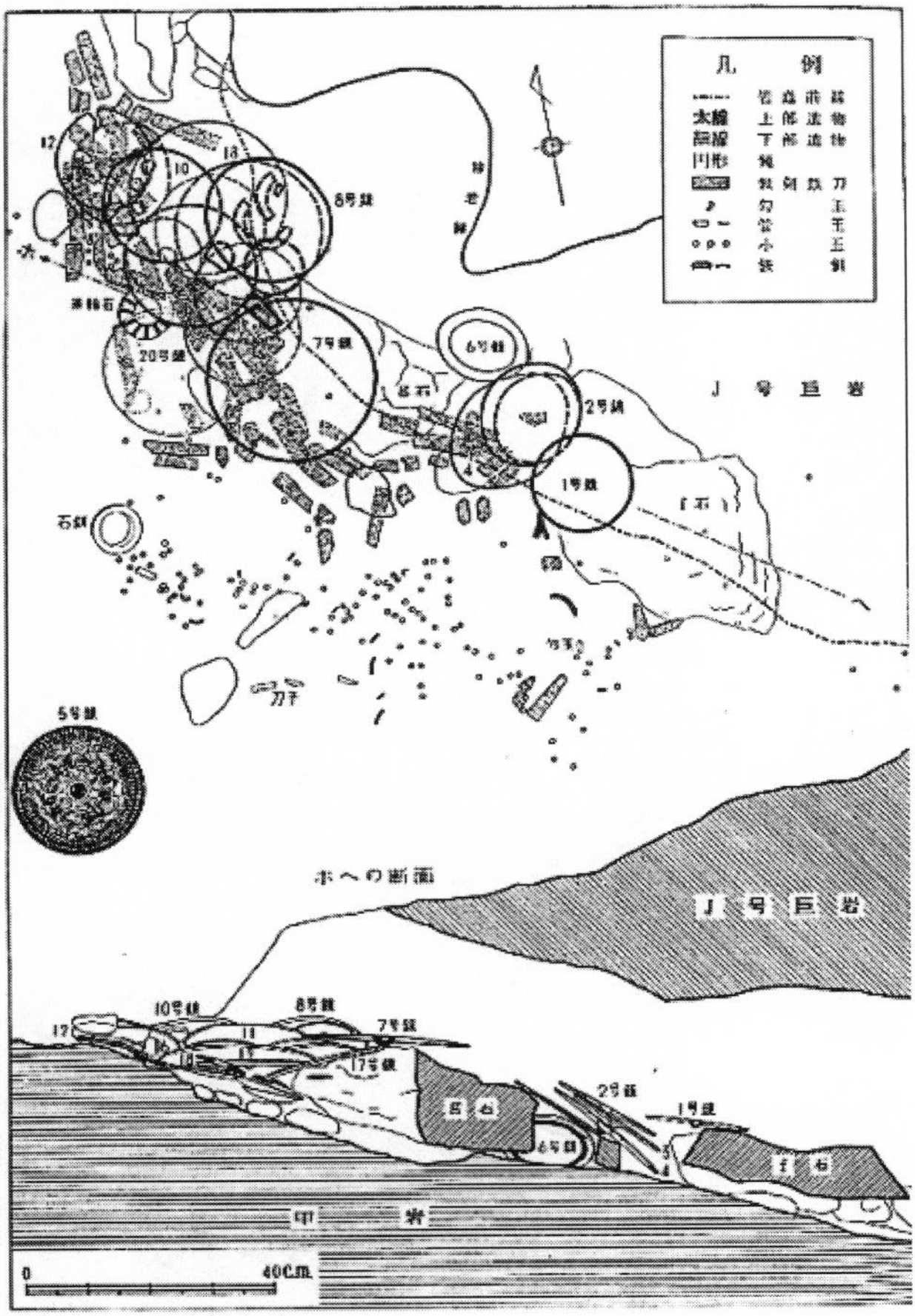

17号遺跡の遺物配置図

4 世紀＝ 300 年代	
313 年　高句麗、楽浪郡を滅ぼす	
この頃より、馬韓から百済が、辰韓から新羅がそれぞれ国家形成して台頭する	
314 年　高句麗、帯方郡を陥れる	
316 年　匈奴、西晋を滅ぼす（五胡十六国時代へ、439 年の北魏による華北統一まで）	
343 年　高句麗、前燕に入貢	
372 年　百済王、東晋に入貢	
377 年　高句麗・新羅、前秦に入貢	
391 年　倭軍、渡海　「高句麗好太王碑文」	17 号遺跡（鏡・剣・玉）
5 世紀＝ 400 年代	
421 年　倭王讃、宋に朝貢	
438 年　倭王珍、宋に朝貢　「安東大将軍倭国王」	
451 年　倭王済、「六国諸軍事安東将軍倭国王」	21 号遺跡（鏡・剣・玉　鉄鋌）
475 年　高句麗、百済を攻撃し、百済王戦死、都の漢城陥落	
478 年　倭王武、上表文　「六国諸軍事安東大将軍倭国王」	
6 世紀＝ 500 年代	
512 年　大伴金村、加耶（任那）四県を百済に割譲	
527 年　筑紫君磐井の乱	7 号遺跡（金銅製馬具）
538 年　百済の聖明王、仏教と経典を倭王におくる	8 号遺跡（カットグラス）
562 年　新羅が加耶を滅ぼす	
6 世紀末　古墳時代は終焉	
7 世紀＝ 600 年代	
600 年　遣隋使　　607 年　遣隋使	6 号遺跡
初期に　律令祭祀の萌芽	22 号遺跡（紡績具　金属製人形）
後半に　律令祭祀の形成	5 号遺跡（金属製人形）
8 世紀＝ 700 年代	1 号・2 号・3 号遺跡（9 世紀まで継続）

表　沖ノ島祭祀遺跡とその年代

21号遺跡　上が調査時　下が調査後

次の七世紀初頭の6号遺跡はC号巨岩の岩陰に、22号遺跡は一つだけ遠く離れたM号巨岩の岩陰に位置するが、沖ノ島祭祀の大きな変化の時期を共有している。注目されるのが、22号遺跡の多様な雛形《ひながた》品であり、金銅製人形、金銅製容器（長頸壺・高坏《たかつき》・盃）、金銅製紡績具（椯《たたり》・紡錘《つむ》・滕《ちきり》・刀杼形製品・貫《ぬき》・反転《くるべき》など）などである。人形は祓《はら》い清めのための祭具、容器は供饌《きょうせん》と飲食のための祭具である。その中でもとくに注目されるのが、紡績具である。これは伊勢神宮の遷宮に際しての神宝に通じる祭具である。つまり、この段階で、伊勢神宮の祭祀をはじめとする律令国家の神祇祭祀の形成へ向けての第一歩が刻まれているということである。この七世紀初頭は、推古《すいこ》朝の王権が遣隋使の派遣によって大きなカルチャーショック（文化衝撃）を受けた時期で、すなわち巨大な前方後円墳をその外部表象とする時代が終焉し、その超克による新たな権力編成へと転換していった時期である。それを具体的な遺物としてあらわしているのが、22号遺跡に奉献されている祭器類にほかならない。

次の半岩陰半露天遺跡に属するのが、七世紀後半の5号遺跡である。金銅製龍頭《りゅうず》と唐《とう》三彩瓶《さんさいへい》破片が国際的な交流を示す遺品だが、それとは別に遺物として注目されるのは、楽器（金銅製五弦琴一・金銅製鐸四・鉄製鐸一）、人形（金銅製四・鉄製二）、紡績具（椯・紡錘・刀杼・滕・麻笥《おけ》など）など、豊富な金属製雛形品である。それらは22号遺跡に続いて、伊勢神宮の神宝類に通じる構成であり、律令神祇祭祀にも通じる祭祀備品として、先の22号遺跡にあらわれてからこの5号遺跡の段階で完備されてきたことがわかるのである。

21号遺跡　復元後

そして、次の八世紀の1号遺跡、2号遺跡、3号遺跡は、露天の祭地であり禁足地祭祀の遺跡である。それは、七世紀で磐座祭祀の時代が終わり、あらたに禁足地祭祀の時代へと移行したことをあらわしている。

ここで、以上の要点をまとめる

22号遺跡

22号遺跡出土状況

22号遺跡出土品

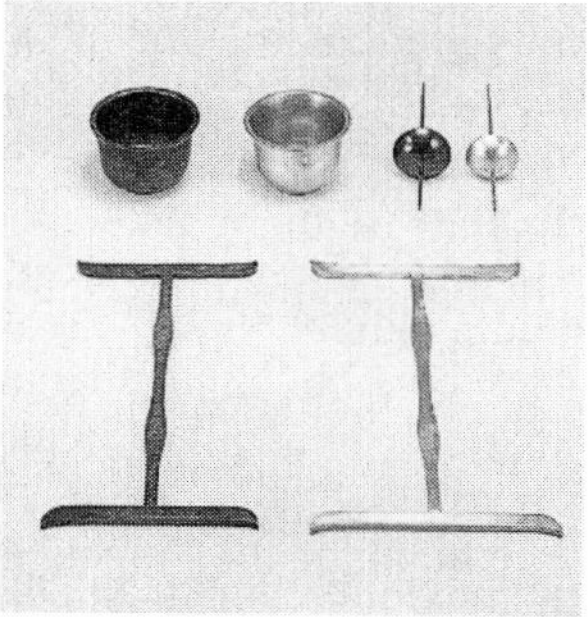

伊勢神宮の神宝
上段右より金銅御鏄（こんどうのおんつみ）・銀銅御鏄・金銅御麻笥（おんおけ）・銀銅御麻笥
下段右より金銅御桛（おんかせい）・銀銅御桛

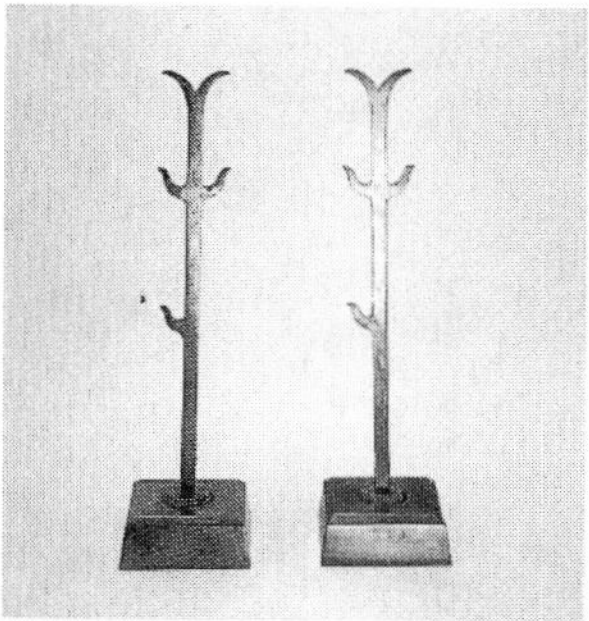

右より金銅御椯（こんどうのおんたたり）・銀銅御椯

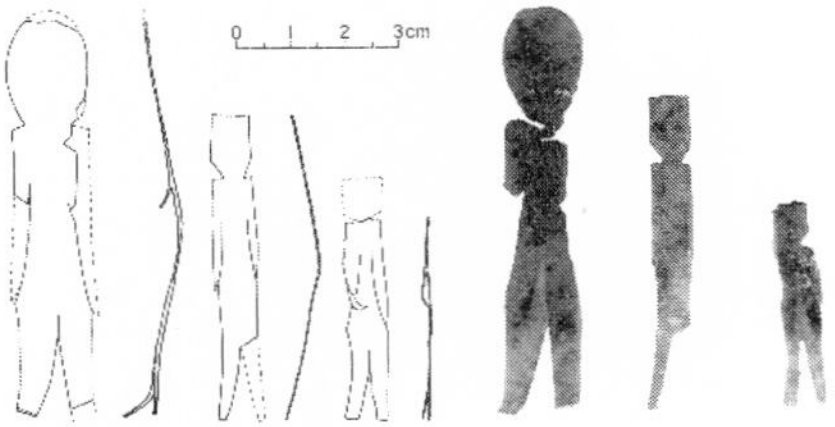

祓具の人形

５号遺跡（供献品は復元）

と、磐座祭祀から禁足地祭祀へと移行するのは、七世紀後半の半岩陰半露天遺跡の5号遺跡あたりを画期としていたということである。その5号遺跡の金属製雛形品の楽器（金銅製五弦琴二・金銅製鐸四・鉄製鐸一）、人形（金銅製四・鉄製二）、紡績具（椯・紡錘・刀杼・滕・麻笥）などの多様な奉献品類は、伊勢神宮の遷宮における神宝類に通じる構成である。それは、井上光貞が提示していた「律令祭祀」に通じる祭祀備品と祭祀形態が、この沖ノ島の5号遺跡の段階で整備されてきていたということを示している。

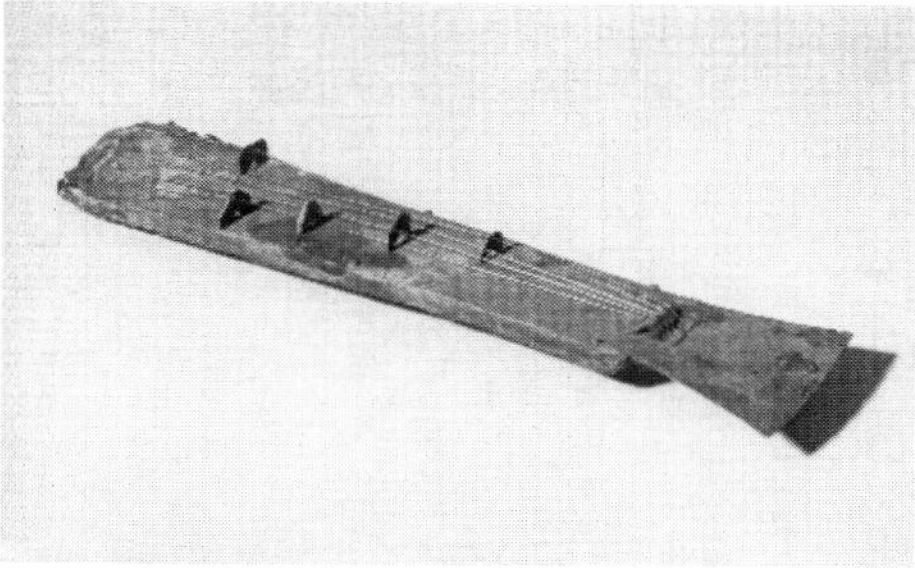
５号遺跡出土の琴

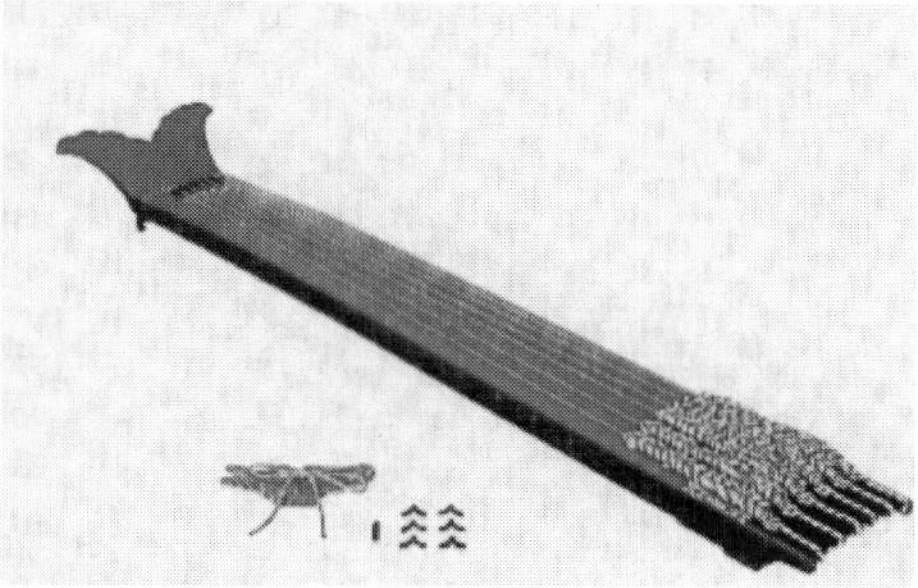
伊勢神宮の神宝　鵄尾御琴（とびのおのおんこと）

注目されるのは、神についての観念の変化である。四世紀後半の17号遺跡の時代の磐座祭祀では、銅鏡・鉄剣・勾玉という三種の神器の組成を中心とする祭具を、巨岩の磐座へと奉献している。銅鏡が太陽の表象であるとすれば、天上の超越的な神への観念が、地上の磐座の巨岩の中に宿る神霊や精霊を媒介とするかたちで信仰されていたことを示唆している。その時代の銅鏡とは、後の伊勢神宮の天照大神の御正体《みしょうたい》に通じる神器だが、その神のイメージとはまだ自然神の段階であったと考えられる。

それに対して、七世紀初頭の22号遺跡の時代の岩陰祭祀では、そこに奉献されているのは紡績具や食器類など、後の伊勢神宮の遷宮に際して奉献される神宝類に共通する宝器である。それは、天照大神への調度の類であり、この段階で、神の観念が天上の超越的な自然神、太陽神から地上の人格神、現人神としての天皇へと変化していたことをあらわしている。そして、次の八世紀の1号遺跡、2号遺跡、3号遺跡では露天の祭地となっている。

露天の3号遺跡の状況

このような磐座祭祀から禁足地祭祀へ、という神の祭り方の変化が意味するのは、磐座の巨岩の中に神霊や精霊のような霊魂的な存在が宿っているという考え方から、平地の一画を禁足地として囲い込み、そこを聖域として祭るという方式、つまり神霊が天空からその聖地に降臨するという考え方へと変化してきたことをあらわしている。

つまり、大和王権の律令祭祀は、旧来の磐座祭祀という形式を終わらせて、新たに禁足地祭祀という形式へと変わる中で整備されていったのである。その禁足地祭祀という方式を長く伝えているのが、民俗伝承学の観点からすれば、実は、他ならぬ伊勢神宮の遷宮という祭祀方式であり、また石上《いそのかみ》神宮の近世までの禁足地の伝承であり、上賀茂神社の「みあれ神事」の伝承であり、上下《かみしも》諏訪《すわ》社の御柱神事の伝承なのである。その点については解説が必要であろうから、また章をあらためて行なうことにする。

二　纏向遺跡と三輪山遺跡

宗像沖ノ島遺跡の情報整理により、磐座祭祀から禁足地祭祀へという変遷があったことがわかったが、奈良県の三輪山遺跡でもそのことがいえる。三輪山の祭祀のはじまりは宗像沖ノ島の17号遺跡と同じく、四世紀後半以降である。その四世紀後半から五世紀後半に至るまで巨岩の磐座を中心に祭祀が行なわれていたことが遺跡と遺物によって確認されている。そこで、それに関連して注目されるのは、この三輪山遺跡の開始よりも前の時代に近隣の地に展開していた纏向《まきむく》遺跡と箸墓《はしはか》古墳の存在である。

纏向遺跡　二〇〇九年に大規模な建築遺構が発見された纏向遺跡からの情報は貴重である（橋本・二〇一一他）。それによれば、①時期は、出現期が二世紀初頭、拡大期が二六〇〜二七〇年頃、消滅が四世紀初頭であり、②古墳時代との関係でいえば、開始期古墳の纏向石《いし》塚《づか》古墳や箸墓古墳などと対応する時期で、年代は二五〇年頃と推定される、③邪馬台国《やまたいこく》との関係でいえば、女王卑弥呼《ひみこ》（『魏志倭人伝』二三九年）や壹与《いよ》（臺与《とよ》）（『晋書』二六六年）の時代に相当する。公開された図からいえば、A棟、B棟、C棟、D棟が東西軸に沿って整然と建てられている。それは太陽の運行に沿う東西軸の線上であり、この地の王が卑弥呼つまり日の巫女《みこ》と名乗っている（長田・二〇一〇）ように、太陽の王、稲作の王であるという自己認識をもっていたと考えられる。ただし、その纏向遺跡には、卑弥呼の宮殿と推定される建物はあったが、それとは別の磐座祭祀のような祭地の存在は確認されていない。

この三世紀中後期の邪馬台国の時代から、四世紀中後期の初期倭王権成立の時代へ、そして五世紀の倭の五王の覇権の時代へ、という古代王権の歴史的転換を考える上で重要なのは、この纏向遺跡と三輪山遺跡という二つの遺跡の比較の視点である。

纏向遺跡

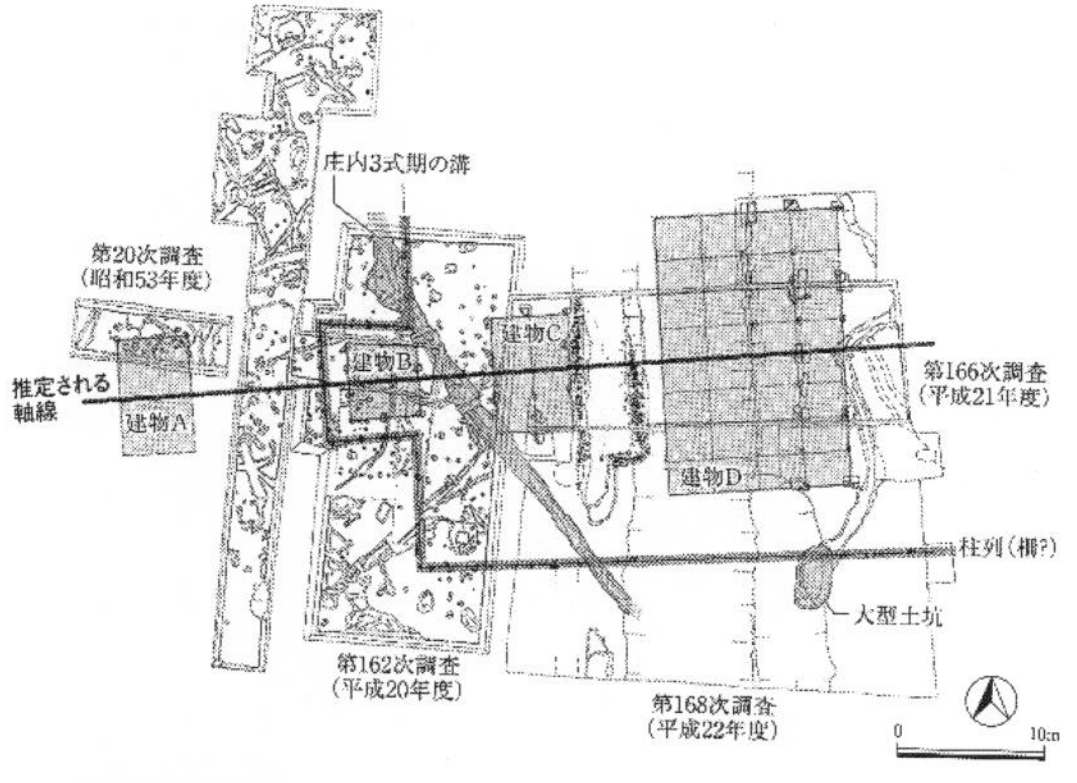

纏向遺跡の平面図

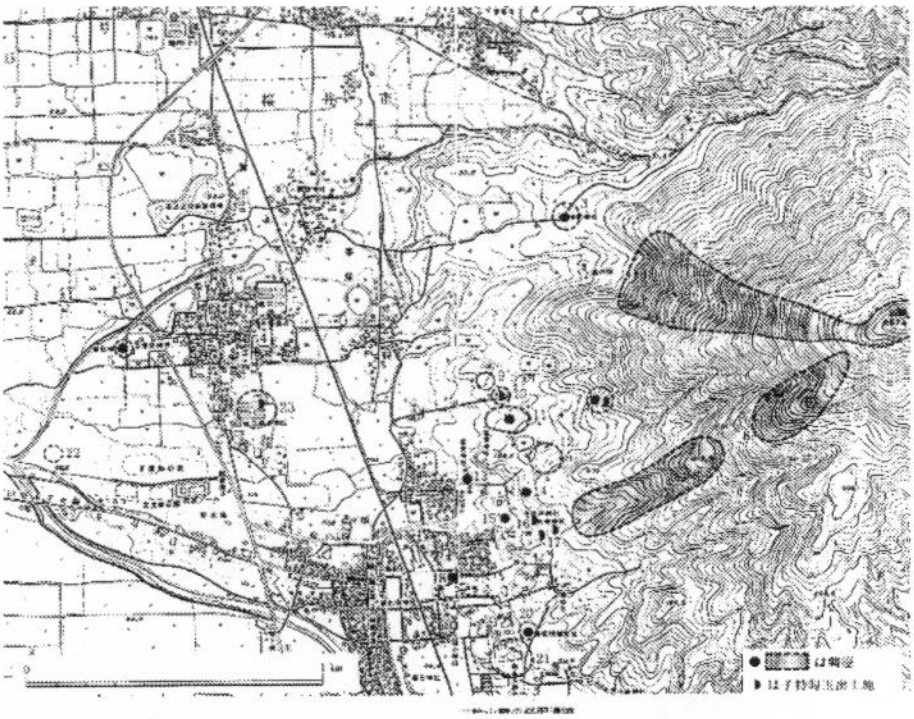

三輪山祭祀遺跡

三輪山　磐座祭祀遺跡

三輪山遺跡　三輪山遺跡の、とくに山《やま》ノ神《かみ》遺跡と奥垣内《おくがいと》遺跡の祭祀関連情報は、いずれも貴重である（寺沢・一九八八、小池・一九九七など）。まず、その時期はといえば、祭祀の開始が四世紀後半以降で五世紀後半に至るまでの長期間、巨石の磐座を中心に、山ノ神遺跡では小型の素文鏡三点、碧玉製勾玉五点、水晶製勾玉一点など、奥垣内遺跡では多量の須恵《すえ》器《き》が注目されている。ピークを迎えるのは五世紀後半の滑石製模造品の奉献の時期で、六世紀前半に終焉を迎えるという。そしてその後は、祭場は磐座から禁足地周辺へ、そして子持《こもち》勾玉を中心とするかたちへと移行して、六世紀後半からは禁足地での祭祀が中心となっていく、という。

三輪山遠望と箸墓古墳など初期古墳

邪馬台国から初期大和王権へ　つまり、三世紀を拡大期、四世紀初頭を消滅期とする纏向遺跡と、四世紀後半を初現期、五世紀を拡大期とする三輪山遺跡とは、前者が卑弥呼や壹与（臺与）の邪馬台国の遺跡であり、後者が初期大和王権の遺跡であると位置づけることができる。その王権の移行について指摘できるのは、①日の御子、②銅鏡、③前方後円墳、の三つの共通要素の継承であり、相違点が、宗教的女王から武力的男王へ、という移行である。そこで、王権の二重性論、二重王権（diarchy）論、つまり祭司王（宗教王）と世俗王（武力王）という王権の二重性論の観点からすれば、卑弥呼も初期大和王権の王も、いずれも祭司王（宗教王）と世俗王（武力王）という両方の属性を必然的に具有していたと考えられる。そして、その祭祀具の中心は共通して、②銅鏡であったと考えられる。その銅鏡の奉斎の場所としては、考古遺物からみれば初期大和王権は磐座をその一つとしていたことがわかる。

しかし、それは多くの銅鏡の中の一部であり、沖ノ島遺跡でも三輪山遺跡でも奉斎されていたのは決して高級品ではない。やはり、王の身近におく高級品の銅鏡は宮殿の中に安置されて王と一体視されていた可能性が高い。卑弥呼の場合も纏向遺跡の中の宮殿に安置されていた可能性が高いが、纏向遺跡の消滅後、その行方は追跡できない。初期大和王権の神話である『日本書紀』「崇神《すじん》紀」の六年の記事には、天照大神《あまてらすおおみかみ》と倭大国魂《やまとのおおくにたま》の二柱の神を天皇の大殿の内に並べ祭っていたが、神の勢いを畏れて共に住むこと安からず、ということで、天照大神は皇女・豊鍬入姫命《とよすきいりひめのみこと》に託《つ》けて倭の笠縫邑《かさぬいのむら》に神籬《ひもろぎ》を立てて祭ったという伝承を記している。その後、伊勢の神宮で祭られることになるというのであるが、今に伝わる神宮の天照大神の御正体は銅鏡である。

第三章　伊勢神宮と出雲大社

神社の歴史を考える、ということで、ここまで考古学の知見をもとに磐座祭祀が古く禁足地祭祀が新しいという説明をしてきた。しかし、それが、伊勢神宮や出雲大社のような、日本を代表する神社とどういう関係があるのか、という疑問をもつ読者のために、その伊勢神宮の創祀と出雲大社の創建についてここでその要点を指摘しておくことにする。

一　伊勢神宮の創祀

伊勢神宮の創祀について、歴史の文献史料の上で確実な時点といえば、『日本書紀』が記す、

①天武二（六七三）年四月に大来皇女《おおくのひめみこ》（大伯皇女）を泊瀬斎宮《はつせのいつきのみや》に参籠させて心身を清め、その約一年半後の翌三（六七四）年一〇月に伊勢へと出発させた時点である。

一方、文献史料の伝える伝承の上では、『日本書紀』が記す神宮創祀の原点は、

②崇神天皇の六年（西暦不詳）にそれまで大殿の内に並び祭っていた天照大神を「畏其神勢、共住不安」ということで皇女の豊鍬入姫命《とよすきいりひめのみこと》に託《つ》けて倭の笠縫邑《かさぬいのむら》に祭ることとして磯堅城《しかたき》の神籬を立てたという時点である。その後、垂仁《すいにん》二五年（西暦不詳）には天照大神を垂仁皇女の倭姫命《やまとひめのみこと》に託けて鎮座の地を求めて大和国の菟田筱幡《うだのささはた》から近江《おうみ》国、美濃《みの》国を巡って伊勢国に到り、そこに祠を建てるとともに斎宮を五十鈴《いすず》川上に興《た》てて、それを

磯宮《いそのみや》と呼んだという。そこが「天照大神が始めて天より降ります処なり」と記されている。

ただし、『古事記』にはこの記事はない。この点は重要である。稗田阿礼《ひえだのあれ》が誦習した「旧辞」の中にはこの鎮座伝承は存在しなかったのである。つまり、『古事記』が記している最終の巻が推古記であるが、その推古朝にはこの伝承は存在しなかったのである。

神宮祭祀の特徴の一つである天照大神の御杖代《みつえしろ》としての斎宮についての『日本書紀』の記事としては、

③　雄略紀の皇女栲幡《たくはた》姫命の「伊勢大神の祠に侍る」という記事がある。

しかし、それについての記録の上での補強情報はなく判断はむずかしい。次に、

④　用明、崇峻、推古の三代の天皇の間、伊勢大神に仕えたと記されている酢香手《すかて》姫皇女《ひめのひめみこ》についてである。

この用明紀から推古紀まで書かれている酢香手姫皇女の実在性は高い。ただし、そこには複雑な問題が含まれている。重要な問題なので、それについてここで少し説明しておいた方がよいであろう。複雑ではあるが、以下のとおりである。

『日本書紀』には、中国語の原音による仮名が表記され正格の漢文で書かれたα群と、倭音で仮名が表記され文章も倭習に満ちていて漢語や漢文の誤用や奇用ばかりで正格の漢

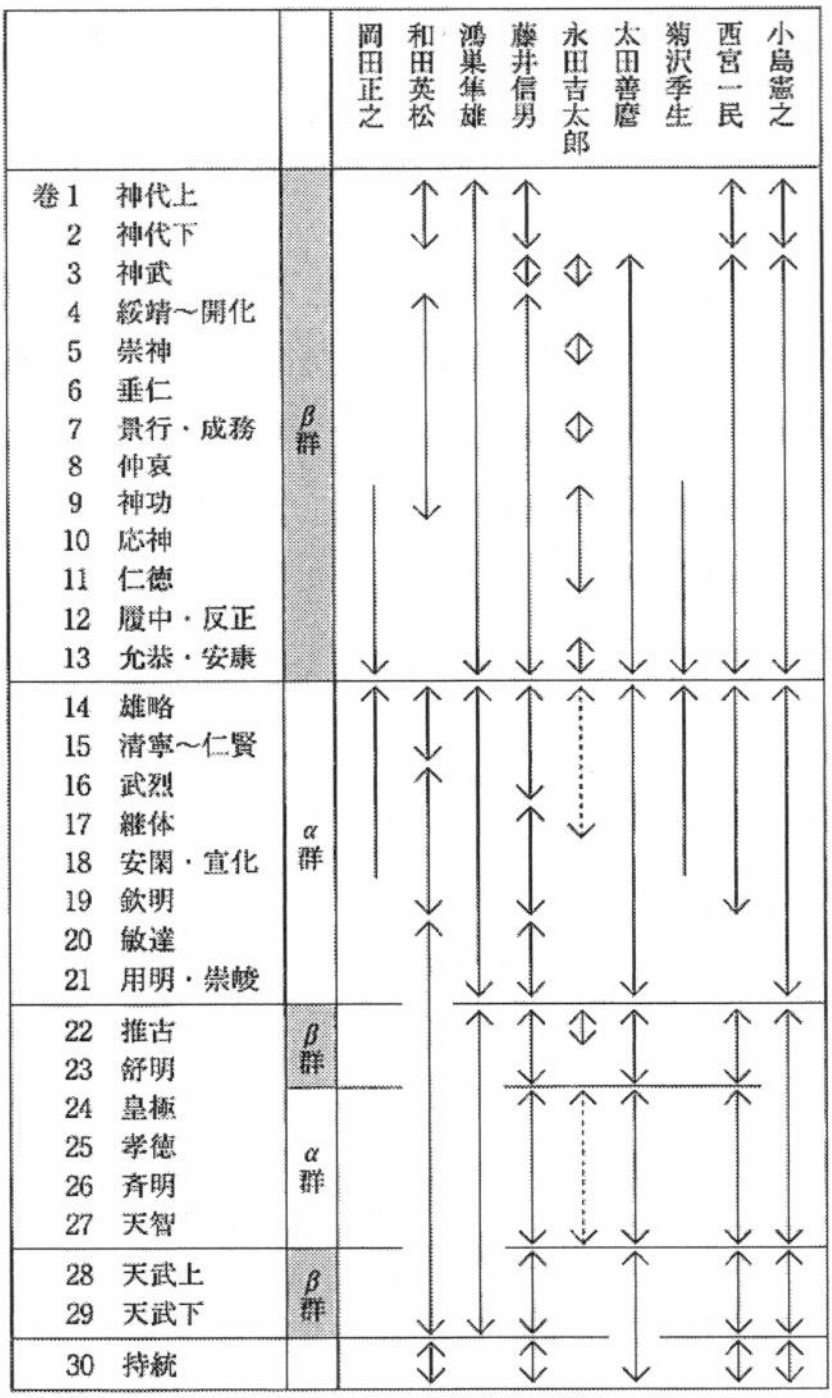

『日本書紀』の構成

文とはほど遠いβ群とがあり、α群は巻一四の雄略紀が最古で巻二四の皇極紀から巻二七の天智紀までがそのα群で書かれている。β群で書かれているのは巻二二の推古紀、巻二三の舒明紀、巻二八、二九の天武紀と、それよりもはるか古い時代の巻一の神代上から巻一三の允恭・安康紀までである。

つまり、『日本書紀』は、高天原の神話の時代から神武天皇の即位へ、そして歴代の天皇の治世へと、古い時代から順番に書かれているが、それが記録されたのはその順番ではないということがわかってきているのである（森・一九九九、遠山・二〇〇四）。

すなわち、編修にあたって先に書かれたのが正格の漢文のα群であり、後から書かれたのがβ群の巻二八、二九の天武紀と、巻一の神話の神代の時代から巻一三の允恭・安康紀だということである。そこで、問題が複雑だというのは、α群で書かれている巻一四雄略紀から巻二七天智紀までの一四巻の間で、巻二二推古紀と巻二三舒明紀の二巻だけがイレギュラーにβ群の文章で書かれていることである。つまり、推古紀と舒明紀はもとのα群からβ群へと差し替えられているのである。

さて、用明紀の記事では、その本文で酢香手姫皇女を以て伊勢神宮に拝《め》して日神の祀に奉らしめたとあるのに対して、注記の部分では炊屋姫天皇《かしきやひめのすめらみこと》の世に及ぶまで奉り、それは「炊屋姫天皇紀《みまき》に見ゆ」と記している。また、参考資料としては『上宮聖徳法王帝《じょうぐうしょうとくほうおうてい》説《せつ》』に「須加弖古女王　此王拝祭伊勢神前、至于三天皇也」と、酢香手姫皇女の伊勢神宮への斎宮奉仕が長く三代の天皇に及んだとある。その三代とは用明、崇峻、推古と考えられるが、このように用明皇女の酢香手姫による伊勢の斎宮奉仕を歴史的な事実であるとする記事が多く残されている一方で、逆にこれらの伝承には疑問点も多い。

そこで、問題を整理してみると、第一に、α群の用明紀の注記の部分で、酢香手姫皇女による斎宮奉仕の記事が推古紀にあると書かれているのに、現在のβ群の推古紀にはその記事がない。α群の用明紀がみたという推古紀、それは現在のβ群の推古紀ではなく、もとのα群の推古期であったと考えられるが、そこには三代の天皇にわたる斎宮奉仕の記事があったということである。ただ、その記事が用明紀の本文にではなく、注記の部分にあるということが問題をさらに複雑化させている。

第二に、『日本書紀』の区分論からいえば、先に書かれたはずのα群の用明紀にある注記に、後続のβ群に属する推古紀「炊屋姫天皇紀に見ゆ」との記事があるのはふつうに考えればおかしい。この用明紀の注記はβ群の推古紀の編修よりあとに記入されたものと考えられる。つまり、これらの注記はもとのα群の用明紀にはなかった記事であり、β群の推古紀の編修段階のさらに後の段階で追記されたものということになる。

では、それはなぜか。天武・持統朝以降の編修の最終段階で、用明紀に注記を入れなければならなくなったからである。それは『日本書紀』の編修者たちが、皇女による日神奉祭に関連する記事を推古紀よりも古い時代へ、つまり現在みえる崇神紀・垂仁紀へと移行させたからではないかと考えられるのである。国書に「日出ずる処の天子、書を日没する処の天子に致す、恙無《つつがな》きや、云々」と記したのは、推古朝の当時においては女帝も厩戸《うまやどの》皇子《みこ》もいまだ伝統的な「稲の王」としての太陽の運行の東西軸を基本とする王であり、それが南北軸を基本とする隋《ずい》の皇帝から激怒されるとは思いもよらなかったからである。六〇〇年と六〇七年の遣隋使による文化衝撃、カルチャーショックは大きく、これを機に推古朝は律令国家システムの導入へと大きく転換していくが、その推古紀に、もとのα群ではなく差し替えられたβ群だけが伝わっているというのは残念だが、少なくとも『隋書倭国伝』が記す倭国の国書に「日出ずる処の天子」と名乗っているところからすれば、推古朝に「日神」祭祀の神話伝承が存在した可能性はきわめて大なのである。しかし、それはそのまま伊勢神宮の創祀が推古朝であったことにはつながらない。

以上、大きく回り道をしてしまったが、古代天皇の日の御子としての伝承の古さは確かだとしても、具体的な伊勢の神宮の創祀という問題については、もっとも確実なのは、①②③の情報のうち、①なのである。

二　出雲大社の創建

歴史記録の上で出雲大社の創建について参考になるのは、『日本書紀』の斉明五（六五九）年の「命出雲国造闕名修厳神之宮」という記事である。このときすでに出雲大社の社殿が造営されていたことは確実であろう。では、その創建からの沿革についてはどうか。記紀神話の豊かな情報はあくまでも参照枠にとどめ、考古学的な情報からすれば、指摘できるのは以下の点である。

① 出雲大社の東方約二〇〇メートルに近接する命主社《いのちぬしのやしろ》の背後の大岩の下の真名井《まない》遺跡から寛文五（一六六五）年に出土した銅戈《どうか》一を含む武器型青銅器四点と翡翠《ひすい》の勾玉によ

り、その地が弥生時代中期からすでに神を祭る聖地とされていたことがわかる。
② 出雲大社境内地から発掘されている古墳時代前期の手捏《てづく》ね土器の類や瑪瑙《めのう》や蛇紋岩《じゃもんがん》の勾玉、滑石製臼玉《うすだま》などの玉類により、古墳時代前期にその地で祭祀が行なわれていたことが指摘できる。
③ 六世紀中葉の出雲東部の古墳から出土する金銀装の円頭太刀、獅嚙《しがみかんとう》環頭太刀、単龍《たんりゅう》環頭太刀、双龍《そうりゅう》環頭太刀、三葉文《みつばもん》環頭太刀など中国・朝鮮系の大陸風飾太刀の系譜をひく武具は、出雲の東部勢力が大和政権、とくに蘇我氏との密接な関係を持ち始めていたことを示している。
④ 昭和五九（一九八四）年の保存修理作業で見つかった松江《まつえ》市南郊の有《あり》古墳群の中の岡《おか》田山《だやま》一号墳から出土した「額田部臣《ぬかたべのおみ》」の銘文入りの太刀は、この東出雲の地に、蘇我稲目《いなめ》の娘の堅塩媛《きたしひめ》が欽明との間に儲けた額田部皇女つまり、後の推古天皇の養育のための部民が設置されていたことを物語っている。
⑤ 神聖化する大王（天皇）の御贄《みにえ》の供給地として隠岐島《おきのしま》をはじめ出雲海岸部の直轄地の確保を図っていった蘇我氏が先導してこの出雲の地に迫っていた欽明朝（五四〇〜五七一）において、その巨大な建築物が実現した可能性が浮上してくる。
　つまり、出雲の勢力が青銅器祭祀と勾玉祭祀の弥生時代から三世紀半ば以降の古墳時代

にかけて、出雲を中心とする地方王権を形成しており、北陸や北九州、そして中国地方、近畿地方との交流があったことは考古遺物の発掘からも解説されているところであるが、六世紀以降、大和王権が蘇我氏を中心として進出してきた中で、古くから存在していたであろう出雲固有の神社の祭祀が、大和王権との接触の中で、記紀が国譲り神話として伝えているように、現在にまでつながる巨大な神殿建築へと展開していったものと考えられるのである。そして、その巨大な神殿建築を実現させた技術力は、神殿ではなく仏教寺院ではあるが飛鳥寺などを建設した大和王権の技術力が導入された結果であった可能性が考えられるのである。

三　伊勢神宮の神明造と出雲大社の大社造

では、いま私たちの眼前にある伊勢神宮と出雲大社の社殿とその特徴について、ここで説明してみよう。「みや（宮）」というのは、『日本書紀』や『万葉集』ではもともと天皇の坐《いま》す建物という意味で使われており、それに対して、「やしろ（社）」というのは、もともと人びとによってまつられていた自然の神の「やしろ（社）」という意味であった。呼び名からしても、伊勢神宮は神の「宮」であり、天皇また皇祖神の天照大神の坐《いま》す宮《みや》である。出雲大社は杵築《きつき》の「おおやしろ（大社）」であり、出雲大神の大己貴神《おおあなむちのかみ》を祭る社《やしろ》である。

では、伊勢神宮と出雲大社は天照大神と大己貴神が常在する住居としての建物なのか否か、という問題については、次のように説明しておくことができる。伊勢神宮は、天照大神の御正体《みしょうたい》の神鏡が内宮《ないくう》に奉斎されており、大神はそこに常在されて多くの祭祀が奉仕されているといってよい。しかし、天照大神は大きくは常に高天原に坐す神であり、内宮にのみ常在されているわけではなく、高天原から地上を見守っている神ともされている。

そこで注目されるのは、御正殿の東西の妻《つま》の梁《はり》の上にある束柱《つかばしら》に穿《うが》ってある御形《ごぎょう》と呼ばれる鏡形の穴である。遷宮の社殿造営のたびごとに御形祭《ごぎょうさい》といってその鏡形の穴が穿たれるのである。それは延暦二三（八〇四）年の「皇太神宮儀式帳」にも記されているほど古くからの重要な儀式である。厳重に封鎖された神聖な御正殿であるが、その東西の鏡形は高天原に坐す天照大神と御正殿に奉斎されている神鏡の御正体との回路の存在を考えさせられるものである。つまり、伊勢神宮の御正殿は天照大神の常在されている建物であると同時に、天照大神はその御正殿の中にだけ常在されているわけではなく高天原に坐す神であるということである。

出雲大社の場合はどうか。出雲大社は古代の豪族の宮殿建築であり、田の字型九本柱の本殿の内部中央の岩根柱《いわねのはしら》の後方、正面から向かって右奥の間に西方に向いて小型の流造の内殿がまつられている。大己貴神はその内殿に鎮座しておられ、そこに常在の神として多くの祭祀が奉仕されている。そこで、『古事記』や『日本書紀』の神話伝承も参考にしておいてよいであろう。

『古事記』では、国譲り神話の中で自分の住所を天孫の住居のように大きな建物としてもらえば、自分は「百足《ももた》らず八十《やそ》坰手《くまで》に隠《かく》りて侍《さもら》ひなむ」といって複雑に曲がり込んだところの先に隠れていましょう、といって隠れられたとある。『日本書紀』の神代下第九段本文も同じく「百足《ももた》らず八十《やそ》隈《くまで》に隠《かく》去れなむ」といっている。ただ、第九段一書（第二）では、高皇産霊尊が大己貴神に、これまで大己貴神が治めていた顕露の事はこれからは天孫が治めることとして、大己貴神は神事を治めることとしようといい、そのかわり大己貴神が住む宮殿は柱は太く高く板は広く厚くして壮大な宮として建てようといったのに対して、大己貴神は自分は「退《さ》りて幽事《かくれたること》を治めむ」といい、「躬《み》に瑞《みつ》の八尺瓊《やさかに》を被《お》ひて長《とこしへ》に隠《かく》れましき」とある。

　つまり、神の事や幽の事を治める存在として、美麗な八尺瓊勾玉をたくさん御身に付けて、霊的な世界へと永遠に隠れられたと伝えているのである。その神話を伝える祭祀の世界では、巨大な宮殿の中の内殿に常在の神として祭られると同時に、目に見えない神の世界にまたは幽《かく》れたる世界に常在されており、八尺瓊勾玉を身にまといそこから神霊の威力

神宮	神明造	切妻造	平入	萱葺	左右対称	祭員非参入	神の専有空間
大社	大社造	切妻造	妻入	檜皮葺	左右非対称	祭員参入	祭員の祭祀空間

表　神宮（伊勢）と大社（出雲）の対比

を発信している存在として信仰されているといってよい。

伊勢神宮も出雲大社も神の常在されている神社であるが、神の威力は異界から発信され続けているという祭り方が古代から長い歴史の中で伝えられてきているのである。

神明造　伊勢神宮の正殿の形式は神明造《しんめいづくり》といい、出雲大社の本殿の形式は大《たい》社造《しゃづくり》という。それぞれに異なる特徴があり、また共通点もある。まず、共通点についてみてみよう。いずれも本殿の屋根に千木《ちぎ》と鰹木《かつおぎ》がある。千木というのは、屋根の頂部の大棟の両端で二本の部材を伸ばして交差させたX字形のものをいう。鰹木というのは、大棟の上に横に並べて置いてある円筒形の部材である。神宮の内宮では一〇本、外宮では九本、出雲大社では三本である。千木はその先端を水平に切る内削《うちそぎ》が内宮で、垂直に切る外削《そとそぎ》が外宮である。

材木の切断面を上に向ける内削では雨水が染みこみ材木が腐る原因になるので、垂直に切る外削の方が自然で保存もよく、他の神社の例でも圧倒的に外削が多い。出雲大社も垂直に切る外削である。内宮の内削は特別なものとしてあえてそのようにした可能性が考えられる。なお、内削が女神で、外削が男神と

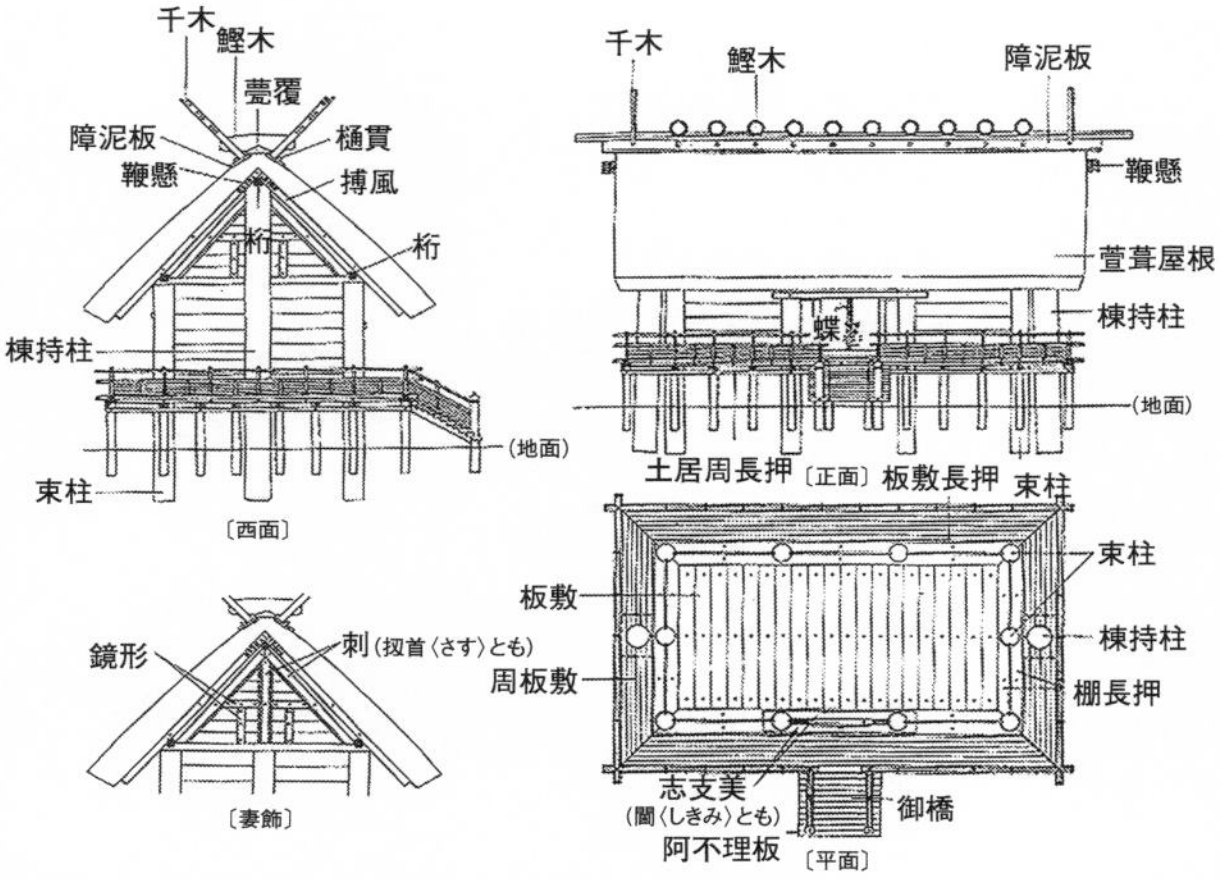

内宮正殿（右：正面と平面、左：西面と妻飾）

いうのは俗説に過ぎない。外削の外宮の祭神は女性の豊受大神《とようけのおおかみ》である。

この千木と鰹木はいずれも古代の宮殿建築に用いられていたもので、古墳から出土する家形埴輪にも千木と鰹木がみられる例がある。『古事記』の神話でも、大国主神が天孫と同じ宮殿を造って祭られることを求めたとき、「底つ石根《いわね》に宮柱ふとしり、高天の原に氷木《ひぎ》たかしりて」とある氷木というのが千木のことで、発音しにくいので後に訛ったものである。鰹木も、『古事記』の雄略天皇の故事で、天皇が河内に行幸したとき、「堅魚《かつお》を上げて舎屋《や》を作れる家」があり、それがこの土地の志幾大県《しきのおおあがた》主《ぬし》の家だと知って怒った天皇が、「奴や、己が家を天皇の御舎に似せて造れり」とい

皇大神宮（内宮）正殿

豊受大神宮（外宮）正殿

って火をつけて焼こうとしたという話が伝えられている。千木や鰹木は古代の特別な権力者の宮殿の標であったと考えられる。

たがいに異なる特徴、相違点は何かといえば、六〇頁の表にみるとおりである。神宮は、切妻《きりづま》造の平入、萱葺《かやぶき》で、左右対称で、三間に二間の建物である。間というのは柱と柱の間の数を表すもので、正面が三間といえば、社殿に向かってみて柱は四本でその柱の間が三間という意味である。神宮の柱は円柱で正面四本、正面奥四本、側面二本、合計一〇本に、左右の側面には棟木を受ける棟持柱が一本ずつである。

大社造　大社は、切妻造の妻入、檜皮葺《ひわだぶき》で左右非対称、正面二間、側面二間で、柱を田の字型に九本立てる。九本の柱の内、中央の柱はとくに太くされており、岩根柱《いわねのはしら》という。近世以降はそれを心御柱《しんのみはしら》と呼んでいる。巨大な宮殿を支えている建築構造的にも重要な柱である。本殿に向かって正面の右側を扉とし、左側を蔀《しとみ》とし、右側に階段が設けられて左右非対称となっている。近世以降は階段に小さい切妻屋根を掛けるようになっている。本殿内の高床は畳敷きで、岩根柱の後方、正面から向かって右奥の間に、左方つまり西方に向く流造の内殿を安置してあり、それが神座とされている。この神座とされる小さな内殿の流造というのは前面の屋根がやや長く流れ出ている形式である。

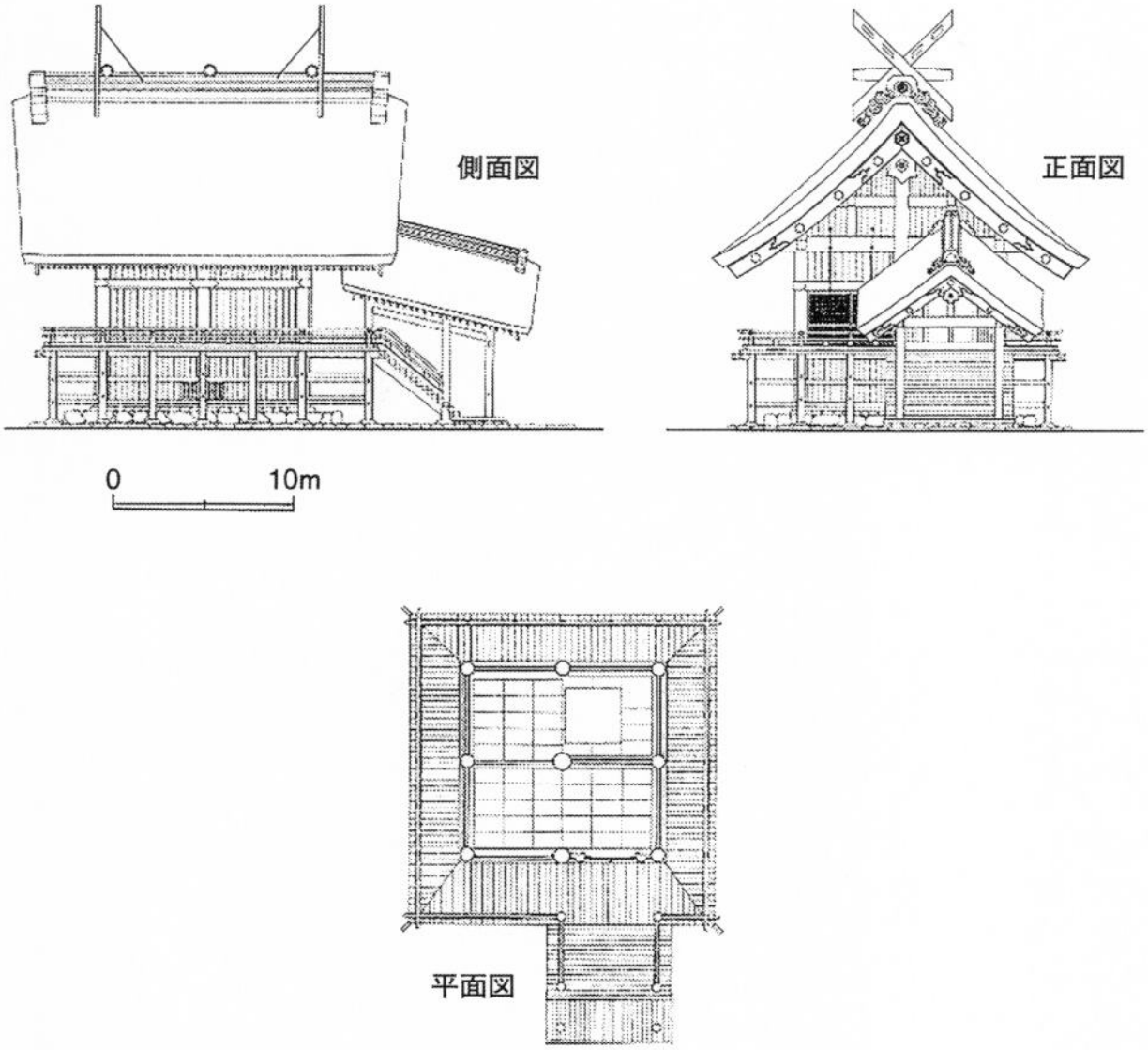

出雲大社本殿（大社造）

出雲大社　平成25（2013）年の遷宮の前

出雲大社　平成25（2013）年の遷宮の後

非住居型の伊勢神宮と住居型の出雲大社　歴史の古さからいえば、伊勢神宮の青銅製の神鏡は古墳時代を表象する宝器であり、出雲大社の青銅製の銅戈や翡翠勾玉は弥生時代を表象する宝器である。神社建築としても古代の豪族の住居に由来する出雲大社の大社造は、歴史的な具体性がある。伊勢神宮の左右対称で非参入式の窓がない神明造は、現実的な住居型建築とは異質な建築物であり、神聖性を強調する抽象的な造形である。建築史の三浦正幸氏によれば、祭られる神や仏が建築内部に常在しているとする非参入式で左右対称の神社本殿は、寺院建築から生まれた造形である可能性が高いという。

神宮正殿は神鏡の奉安空間　神宮の正殿は、切妻造の平入で左右対称の三間に二間の建物である。それは、高天原におられる天照大神の地上での表象物である神鏡を奉安する建物である。『日本書紀』の神話によれば、天照大神が高天原において「手に宝鏡を持ちたまひて天忍穂耳尊《あまのおしほみみのみこと》に授けて祝《ほ》きて曰く『吾が児、此の宝鏡を視《み》まさむこと、当に吾を視るがごとくすべし。与《とも》に床を同じくし殿を共にして斎鏡《いわいのかがみ》とすべし』」とされた神鏡であったが、崇神のときに同殿共床はあまりに畏れ多いとして、天皇の宮殿から外に出して祭ることとしたというのである。つまり、神宮正殿は神鏡の奉安空間であり、祭員は外から清らかな浜玉石に坐して行なう庭上祭祀の方式を採っているのである。

神宮の心御柱　神宮の特徴は、正殿の中央の床下に二〇年ごとの遷宮のたびに特別に秘儀として建てられる心御柱があるという点である。その柱は床下面に届いておらず、建築構造的には意味のない柱である。しかし、その心御柱奉建の儀は、秘儀中の秘儀とされる重要なものであり、建築構造的な意味とは別の、それ以外の意味がある。

それはその真上の正殿の中央に神鏡が鎮座していることを表しているという意味である。二〇年ごとの遷宮でも古殿地に覆屋《おおいや》を設けて保存されて、その場所に二〇年後に再び新たに建てられる。それはなぜか。それが天照大神の特徴を示すものだからである。すなわち天照大神は、その地で二〇年ごとに太陽の運行の東西軸にあわせて新殿と古殿とのあいだを往復移動し続けている、いわば動き続ける神なのである。その天照大神とその表象物である神鏡の所在を示す正殿の真下に設けられる心御柱は、大神の存在を示し続けている神鏡の外部表象という意味をもっているのである。

東西軸と南北軸　ここで、このように意味深遠な伊勢神宮の祭祀の構造について、説明しておこう。『日本書紀』の神話が伝えるのは、天照大神は崇神のときに大殿から笠縫邑へ、垂仁のときに大和から近江、美濃、伊勢へとよき鎮座地を求めて移動してきて、今の伊勢の地に鎮座されたということである。一方、歴史が伝えるのは、天武三（六七四）年の大伯皇女の伊勢到着の時点での鎮座である。そしてその後、壬申の乱後二〇年目の持統六（六九二）年の天皇の伊勢行幸と、新たな帝都・新益京《あらましのみやこ》（藤原京）の造営とその対応関係にある神宮の立地である。つまり、新益京と神宮とはほぼ同緯度で真東の方角に位置しており、内宮がおよそ北緯34度27分、外宮がおよそ北緯34度29分であるのに対して、橿原《かしはら》市《し》高殿町に残る新益京の大極殿《だいごくでん》の土壇はおよそ北緯34度30分である。これは決して偶然ではない。和銅元（七〇八）年の元明《げんめい》天皇の平城京遷都の詔で、「往古已降、至于近代、揆日瞻星、起宮室之基、卜世相土、建帝皇之邑、定鼎之基永固、無窮之業斯在（往古よりすでにこのかた、近代にいたるまで、太陽の運行をよくはかり星の運行をよく観察して、帝王の宮殿の基礎を起こし、世を卜《ぼく》し土をよくみて、帝皇の都を建ててきた。鼎《かなえ》を定める基礎は永く固く、無窮の業ここにあり）」と述べているように、当時の王権は天文観測と測量技能は十分に備えていたと考えられるからである。

北山（向南山）に　たなびく雲の　青雲の　星離《さか》り行き　月を離りて（『万葉集』巻二）

これは持統が天武の崩御《ほうぎょ》を悼んだ歌であるが、その天武の陵墓は新益京の中央道路の真南に、東経135度48分37秒の中軸線の延長上にしかも視覚的に確認できる状態にして造営されていた。それに対して持統にとって偉大であった父帝天智の山科陵《やましなのみささぎ》は実はこの新益京の中軸線上の真北55キロメートルの地点、東経135度48分36秒〜37秒に造営されている。

この歌は持統が自ら造営した新益京の中軸線の南北に、夫帝と父帝の陵墓を祭りながら星辰や月光を眺めていた光景を想像させる歌である。そして同時に、持統とその近臣たちは、律令国家の新たな南北軸の都城を夫帝と父帝とが守るかたちに整えながら、その一方では伝統的な東西軸の「日の御子」としての神聖なる祭祀の場を、その新たな都城の真東の方向のはるかかなたの海浜近い清らかな伊勢の地に、計画的かつ意識的に設営したものと考えられるのである。

出雲大社の岩根柱　出雲大社の心御柱は、中世までは岩根柱と呼ばれていたように、建築構造物を支える重要な建築部材としての役割を果たしている。それは、さきにもみたように『古事記』の神話に「底つ石根に宮柱ふとしり、高天の原に氷木たかしりて」と記されているように、島根半島の西の先端部の付け根に立地して動かぬ神としての大己貴神の住居を表現している。

そして、『日本書紀』の国譲り神話では「汝が住むべき天日隅宮《あまのひすみのみや》は、いま供造《つく》りまつらむこと、即ち千尋《ちひろ》の栲縄《たくなわ》を以て、結びて百八十紐《ももむすびあまりやそむすび》にせむ。其の宮を造る制《のり》は、柱は高く大《ふと》し。板は広く厚くせむ」とあり、巨大な宮殿と表現している。

王権神話としての記紀神話　記紀神話は古代天皇の王権の由来を解説する政治的な神話であり、西欧発信の神話学が分析するギリシア神話のような神話ではない。古代王権がその正統性を説明する物語であり、王権が伝えている歴史認識の表現である。したがって、ミソロジー神話学の分析手法が必ずしも有効とは限らない。天照大神を祭る伊勢神宮についても大己貴神を祭る出雲大社についても、その歴史追跡の参考情報として記紀神話の情報は参考になる。大切なのは、それを鵜呑みにするのではなく、神話から歴史をつなごうとしている記紀の編著者群の思考のあり方を考慮し吟味しながら、分析的に読みとくことである。つまり、出雲大社が巨大な宮殿であるという伝承はある程度は歴史を反映している可能性があるということである。

大社造は豪族の宮殿建築　前述のように、大社造の本殿は、切妻造の妻入で左右非対称の正面二間、側面二間で、柱を田の字型に九本立てる。本殿に向かって正面の右側を扉とし、左側を蔀とし、右側に階段が設けられて左右非対称となっている。近世以降は階段に小さい切妻屋根を掛けるようになっている。本殿内の高床は畳敷きで、田の字型の正面から向かって右奥の間に、左方つまり西方に向く流造の小型の内殿が安置されており、その中に御神体が奉安されている。伊勢神宮の御正体が天孫降臨神話で語るように神鏡であるのに対応していえば、大己貴神が国譲りに際して隠れるとき、記紀神話では「躬に瑞の八坂瓊を被ひて長《とこしへ》に隠れましき」とある。つまり、大きな輝く瓊を身につけて隠れたと記されている。

つまり、出雲大社の神座に奉安されている御神体は古くは大己貴神を表象する翡翠の勾玉と青銅製の祭器類であった可能性が高い。しかし、長い歴史の転変の中でそれが現在にまで伝わっているかどうかは定かでない。ただ参考になるのは、現在、出雲大社に収蔵されている重要文化財の翡翠の勾玉と銅戈である。それは寛文五（一六六五）年に大社に近接する命主社の背後の巨岩の下、真名井遺跡から出土したものである。当時の記録によると、銅戈一を含む武器型青銅器四点と翡翠の勾玉が、数度にわたって発見されたという。

大社の始原は弥生時代中期　武器型青銅器と翡翠勾玉が真名井遺跡の磐座に奉斎されていたという事実はひじょうに重要である。それは、①大社の祭祀の始原が弥生時代中期にまでさかのぼることを示す、②それが磐座祭祀であったことを示す、③真名井遺跡の名が示す真名井の泉水が湧く清き聖地であった、つまり、水源祭祀であったということを示す、と考えられるからである。

巨大神殿は鎌倉時代まで継承されていた　神話が記す出雲の大己貴神の宮殿が巨大であったという伝承が、一定の歴史を反映していたものであったということを人びとに考えさせたのは、平成一二（二〇〇〇）年から翌年にかけて出雲大社境内で発見された巨大な神殿遺構であった。直径一・一〜一・四メートルの杉材を三本一組に束ねた巨大な柱（直径約三メートル）が、宇豆柱《うずばしら》、心御柱、南東側柱と次々と発掘されたのであった。さっそく、AMS炭素14年代測定法と年輪年代測定法を駆使しそれに文献史料の追跡を加えた結果、平安時代の長元九（一〇三六）年から鎌倉時代の宝治二（一二四八）年にかけて、あわせて六回の遷宮のうち、このたび発見された巨大な柱の年代は、宝治二年の遷宮のために寛喜元（一二二九）年に伐《き》り出しが始まった木材であったことが明らかとなった。つまり、鎌倉時代中期の宝治二年の遷宮までは、出雲大社は巨大な神殿建築であったことがわかったのであった。

しかし、残念ながらこの宝治二年度造営の巨大な神殿は二二年後の文永七（一二七〇）年に焼失してしまう。そしてそれ以降は、莫大な経費を賄《まかな》うことが困難な時代となり、仮殿への遷宮を重ねることとなった。そうした中で、もともとは巨大な神殿であったことがだいじな歴史であることを伝え残そうとしていたのが「金輪御造営差図」であったが、その信憑性が明らかにされないままに時代が過ぎていっていたのであった。

命主社（写真＝松本岩雄）
背後の大石の下から複数の武器型青銅器と勾玉が出土したという

銅戈と翡翠勾玉

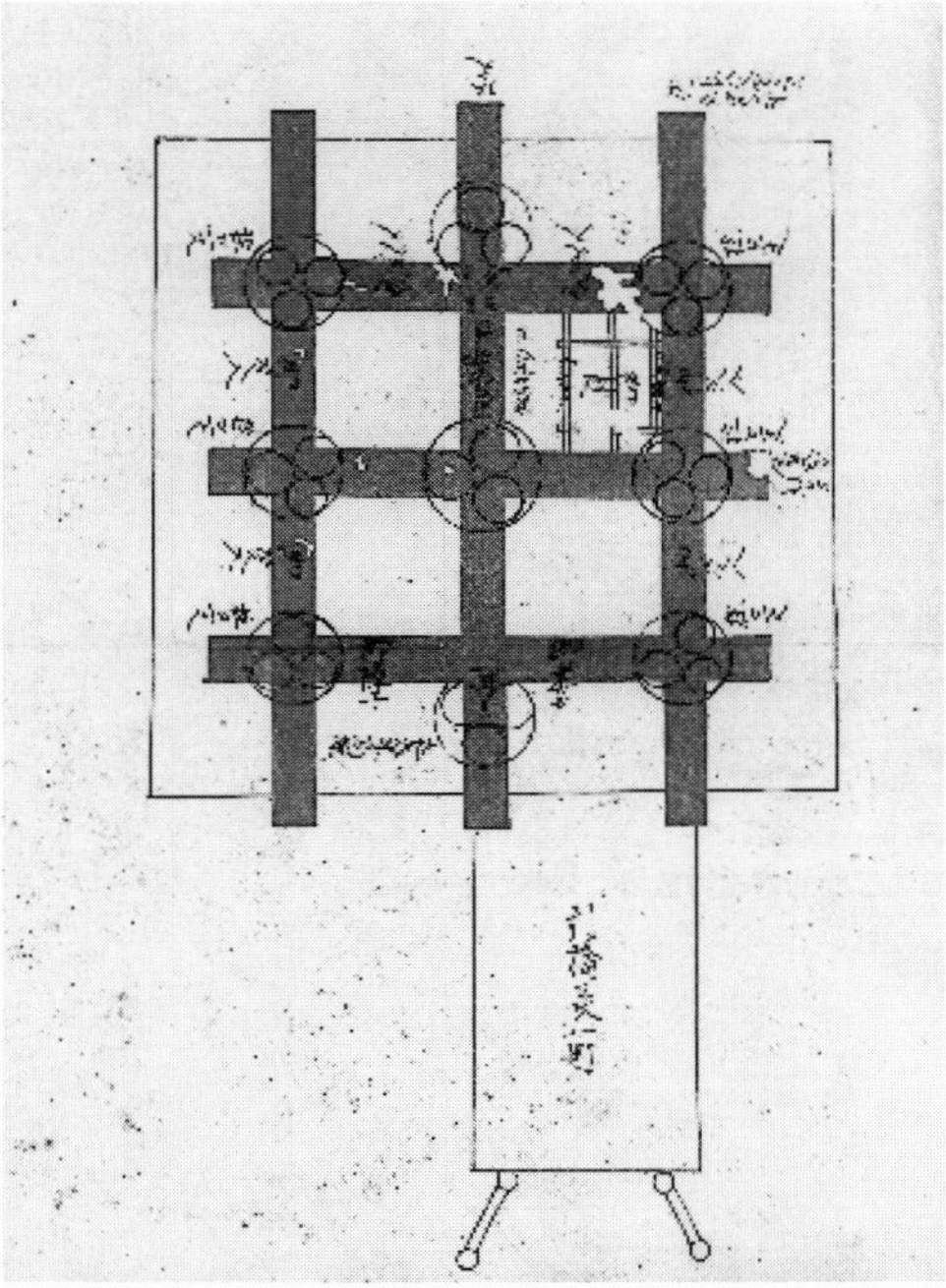

金輪御造営差図

戦国時代になり、尼子《あまご》氏が支援した時には境内に三重塔や経蔵など仏教施設が建立されるなど、神仏習合の影響を受けた時代もあった。豊臣秀頼《とよとみひでより》の支援による慶長一四（一六〇九）年の造営では、当時流行の権現造の影響もあり組物が加えられ内部には豪華な障壁画が描かれており、朱色の柱が映えていたことが「杵築大社近郷絵図」からわかる。それが、現在のように高さ八丈（約二四メートル）の古式の大社造の社殿へとなり、三重塔などの仏教色を完全に排除したのは、徳川幕府から銀二〇〇〇貫の寄付を受けた寛文七（一六六七）年の正殿遷宮からである。そして、現在の社殿へとつながるのはその次の延享元（一七四四）年の造営である。

2000年発掘の宇豆柱

その現在の社殿は白木《しらき》造りであるが、鎌倉期の宝治二年までの社殿は朱塗りであったことが当時の様子を描いた「出雲大社幷神郷図」からわかる。慶長度の朱色の柱も古い伝統を残していたものであった可能性がある。ちなみに、平成一二(二〇〇〇)年から翌年にかけて発掘された巨大な柱は焼失したときの痕跡が残るが、そこには塗装のための赤色のベンガラも見つかっている。古代から悠遠な時代の中で継承されてきた古い神社というのは、大切な部分はしっかりと伝承されていながらも、その長い歴史の中でさまざまな変遷をたどりながら現在へと伝えられているものであることがあらためてわかるのである。

出雲大社と磐座祭祀、伊勢神宮と禁足地祭祀　このように、日本の代表的な神社である伊勢神宮と出雲大社の沿革をたどってみると、次のことが指摘できる。①出雲大社の原点には磐座祭祀があり、伊勢神宮の原点には禁足地祭祀があった。②神の祭祀の場に神社が設営されていく中で、出雲は豪族居館、伊勢は宝器奉斎、という意味をあらわす独自の建築物が設営されていった。③出雲ではその原初の磐座祭祀という方式は隠れているが、伊勢ではその原初の禁足地祭祀という方式が保存伝承されている。それが二〇年ごとに清新な祭祀の場を設営する遷宮という、原初回帰とその持続継承運動としての祭祀方式である。

日本を代表する古い神社の由緒を尋ねてみてわかったことは、第一に、磐座祭祀と禁足地祭祀という二つの方式があったということである。そしてその二つを比較すれば、沖ノ島遺跡や三輪山遺跡の動向からわかるように、四世紀の遺跡にみられた磐座祭祀の方式が古く、七世紀以降の禁足地祭祀の方式が新しいということである。第二に、出雲大社と伊勢神宮でその祭祀方式を比べると、弥生時代の精霊祭祀の伝承を青銅器類や翡翠勾玉などとともに伝えている出雲大社の磐座祭祀の方式が古く、禁足地祭祀の方式で二〇年ごとの遷宮による祭祀方式を伝える伊勢神宮の方が歴史的には新しいということになる。

そこで、次に、その磐座祭祀の方式と禁足地祭祀の方式とが、その他の神社の場合にどのように歴史の中で伝承されてきているのか、という点に注目して、日本各地の神社の事例をみていくことにしよう。

第四章　磐座祭祀の伝承

――山上の磐座と山麓の神社・水源と神社

一　磐座祭祀の伝承

出雲大社の祭祀の始原に、磐座祭祀が存在した可能性を示すのが、命主社の背後の巨岩の真名井遺跡から出土した武器型青銅器と翡翠の勾玉という祭祀具であった。その後、現在までの出雲大社の祭祀は巨大な神殿を中心とするかたちとなっており、すでに磐座祭祀の記憶は稀薄となっている。しかし、神社とその祭祀という伝承文化は、たとえていえばパソコンデータの上書き保存と消去のくりかえしの歴史の中にあるものであり、その特徴は、歴史の中でいったん上書き保存された情報は決してその後も完全には消去されないという点にある。

古代の磐座祭祀の方式も、ほぼそのままか、あるいはかたちを変えながら、現在に至るまで伝承されてきている。巨大な神殿での祭祀が中心となっている出雲大社の祭祀の伝承の中にも、命主社の後背の真名井遺跡の名前にいうところの真名井の清水は、出雲大社で毎年一一月二三日に行なわれる古伝新嘗祭《こでんしんじょうさい》で使われてきている神聖な清水である。その際の国造の歯固めの神事では、真名井の清水から取り出したきれいな小石が用いられて、国造をはじめ多くの人びとの命の長からんことを祈念している。このように、出雲大社の神事や祭礼では真名井遺跡の磐座と清水とは今でも大切な役割を果たしてきているの

大阪府交野市の磐船神社

群馬県高崎市の榛名神社

三重県熊野市有馬町の花窟神社

である。

　このような磐座祭祀の方式が日本の神社の祭りの一つの流れであったことをよく示すのは、そのほか日本各地の神社に巨岩をご神体として祭っているたくさんの例があることである。

　よく知られているのは、たとえば大阪府交野《かたの》市私市《きさいち》の磐船《いわふね》神社だろう。その他にも、宮城県石巻《いしのまき》市の釣石《つりいし》神社の落ちそうで落ちない男石とその下の女石、栃木県足利《あしかが》市の名草《なぐさ》巌島《いつくしま》神社の巨岩の上の本殿、群馬県高崎《たかさき》市の榛名《はるな》神社の御姿岩《みすがたいわ》、新潟県村上《むらかみ》市の漆山《うるしやま》神社の後ろの高さ三〇丈余（一〇〇メートル）ともいわれる明神岩《みょうじんいわ》、そして、三重県熊野《くまの》市有馬《ありま》町の花窟《はなのいわや》神社の高さ四五メートルほどもある巨岩など、よく知られている例も多い。

　しかし、その他あまり知られていない事例も、民俗調査の現場では数多くあることが注目されている。たとえば、氏神の神社の祭りを長老衆が年番で当屋とか明神さんと呼ばれる一年神主の役をつとめてきている、宮座《みやざ》祭祀の方式を伝える典型的な村落である奈良市大柳生町《おおやぎゅう》の夜支布山口《やぎゅうやまぐち》神社の場合も、その境内に古くから祭られている立磐《たていわ》神社の本殿は巨大な岩を背にしている。

二　山上の磐座と山麓の社殿

平地に立地していて有名な神社として知られている中にも、その後背の山上にもともとの磐座祭祀の時代が原初的にあったということを考えさせる神社の例も少なくない。たとえば、平安京の近くで古い由緒を伝える日吉山王権現社《ひえさんのうごんげん》の場合も八王子山の山頂付近の金大巌《こがねのおおいわ》が神聖視されてきているし、賀茂川上流の貴船川沿いの貴船神社の奥宮の鏡岩や、桂川流域の松尾大社の後背の松尾山の山頂付近の大磐座、また豊前の宇佐八幡宮の奥宮の御許山《おもとやま》の三個の巨岩、島根県雲南市の須我神社の後背の八雲山の奥宮の巨岩などがそのような例である。

そして、さらに注目されるのは、それらの磐座祭祀には、出雲大社の磐座祭祀の真名井遺跡のように、泉水への信仰がともなっていることである。日吉山王権現東本宮の本殿前の摂社樹下宮の本殿の神座の下には霊泉が湧き出ており祭祀の対象となっているし、貴船神社の奥宮の鏡岩から地下水脈として流れ出ている拝殿の御神水は霊験《れいげん》豊かな恵みの神水として信仰を集めている。松尾大社の後背の松尾山の大磐座から地下水脈として流れ出

日吉山王権現　西本宮（大宮）

日吉山王権現　東本宮摂社樹下宮の神座の下の霊泉

日吉山王権現　八王子山

八王子山の山頂近くの金大巌

貴船神社　奥宮本殿

貴船神社　貴船山中の鏡岩

貴船川の清流

貴船神社拝殿前の御神水

松尾大社　後方に松尾山

松尾大社　松尾山の大磐座

松尾大社　霊泉「亀の井」

松尾大社　霊亀の滝

ている霊亀の滝や霊泉の亀の井は、元正《げんしょう》天皇即位の七一五年の霊亀の元号ともされた伝承をもつものである。神社の鎮座地と、水源祭祀と霊泉信仰という両者の構造は注目すべきものである。この水源祭祀と神社祭祀との関係は重要なものとして注意しておく必要がある。

三　水源祭祀と神社祭祀

神社の始原を考える場合に、水源祭祀に関連して注目すべき重要な視点は、前一〇世紀後半から前三世紀までの長い時間を必要として九州地方から南東北地方までの範囲に実現した水田稲作の普及と「稲の王」の誕生についてである。

人類が死を発見してそれを概念と言語として理解し共有することができた段階から、死体と死霊への観念がめばえ、それと同時に自然精霊への観念と信仰とが発生したと考えられる。人間はそうして石器時代とか縄文時代と呼ばれている時代にはそのような他界観念や霊魂観念をもつ種となっていたのであったが、それはまだ稲作という技術と神の宮や社という信仰装置をもつ以前のことであった。

しかし、水田稲作を基本的な生業として定着させていった社会では、恵みの基本である水に対して、その水源への感謝と管理と祭祀、そして水利についての管理と維持などの技術は必要不可欠のものとなったと考えられる。それをよく示すのが、水田稲作を普及させ定着させた社会で誕生した「稲の王」の遺体を葬るための巨大な墳墓、すなわち古墳の築造と、それと密接に関連している水源祭祀と水利灌漑技術の持続的な活用であったと考えられる。磐座祭祀の早い例である三輪山遺跡の三輪山麓には数多くの古墳が築造されているが、それらはいずれも三輪山麓の水源祭祀と水利灌漑技術の持続的活用と不可分の関係にあったものと考えられる。

そこで注目されるのは、古墳と水源や水路や水利灌漑の技術をめぐる考古学の研究である。たとえば、早くには辰巳和弘「古代地域王権と水の祭儀」（日野昭博士還暦記念論文集『歴史と伝承』永田文昌堂、一九八八）が注目され、近年では、奈良県の纏向遺跡の纏向大溝についての坂靖『ヤマト王権の古代学――「おおやまと」の王から倭国の王へ』（新泉社、二〇二〇）や、御所《ごせ》市南郷《なんごう》遺跡群の導水施設についての坂靖と青柳泰介『葛城の王都・南郷遺跡群』（新泉社、二〇一一）などが注目されている。

その他にも、大阪府池上曾根《いけがみそね》遺跡、奈良県纏向遺跡をはじめ、近畿、中部、関東、中国の各地方の遺跡について古墳時代の井泉が担っていた信仰に注目した穂積裕昌「古墳時代の湧水点祭祀について」（『考古学と信仰』、一九九四、のち『古墳時代の喪葬と祭祀』雄山閣、二〇一二に収録）や、京都府京丹後《きょうたんご》市の浅後谷南《あさごたにみなみ》遺跡についての高野陽子「古墳時代前期の導水祭祀――京丹後市浅後谷南遺跡の再評価」（『古墳出現期土器研究』第2号、二〇一四）など、数多くの研究が寄せられている。そこからしても、初期の箸墓古墳や纏向石塚古墳の環濠《かんごう》や、中期の誉田山《こんだやま》御廟《ごびょう》塚《づか》古墳（伝応神《おうじん》天皇陵）や大仙陵《だいせんりょう》古墳（伝仁徳《にんとく》天皇陵）などの巨大古墳の環濠も、古代以来の長い歴史の中で農耕用の溜池用水としての機能が持続してきていたのではないかと考えられるのである。

直接的に古墳がそのまま神社となっている例は多くはないが、古墳築造と稲作のための灌漑水利との関係が濃密であったことは想定される。そこで、稲作の時代の信仰と祭祀の装置として誕生した神社という施設が、基本的に水源祭祀の信仰の中で発生してきたものであるという仮説をここに提出しておくこととしたい。この仮説を定説とできるかどうかは、今後の考古学と歴史学と民俗伝承学と自然科学という学際的な研究によって肯定されるか否定されるかであろうが、その結果を待ちたい。

現在でも、その水源祭祀という神社祭祀の原初的なかたちを伝えている神社の例が、延喜式内社の一つでもあり二十二社でもある丹生川上《にうかわかみ》神社であり、大神《おおみわ》神社であり、日吉山王権現であり、その他にも数えきれないほど日本各地に伝えられている。そして、その水源祭祀という祭祀方式の系統の中で、禊ぎ祓えの意味をよくあらわしている流水祭祀というかたちの神社も、上賀茂神社や下鴨《しもがも》神社をはじめ日本各地に伝えられているのである。

第五章　禁足地祭祀の伝承

――大神神社・石上神宮・諏訪大社

一　神は移動する

伊勢神宮の創祀の原点に、よき鎮座の地をもとめての移動と選定があったというのが神話の語るところである。天照大神はその鎮座の後もそこに固定することなく、およそ二〇年周期の式年遷宮を重ねて、移動する神であることを表現してきている。

神宮祭祀の基本の一つがその式年遷宮であるが、その意味についての諸説の中で説得力があるのは次の二つである。①常若《とこわか》説、それは神宮の「掘立柱《ほったてばしら》に萱葺」という社殿の清浄性と神聖性を保ち続けるために二〇年ごとに造替するという説である。これは神職の人たちにも一般の人たちにも広く支持されている考え方である。②朔旦冬至《さくたんとうじ》説、これは暦法の「十九年七閏」に注目して持統四（六九〇）年の前年が朔旦冬至つまり一一月一日が冬至にあたる吉祥の画期ということで、それが式年遷宮の立制の動機となったという泉涌寺心照殿研究員の石野浩司氏の説である。

この説では、持統三（六八九）年の朔旦冬至に対応する持統四（六九〇）年の第一回遷宮から、延暦三（七八四）年の朔旦冬至に対応する延暦四（七八五）年の第六回遷宮まで、初期の遷宮がいずれも一九年間隔の暦法章首にあたっていたこと、そしてそれが延暦一〇（七九一）年の内宮焼亡などを経る中で、「廿年一度」という考え方が定着していったとい

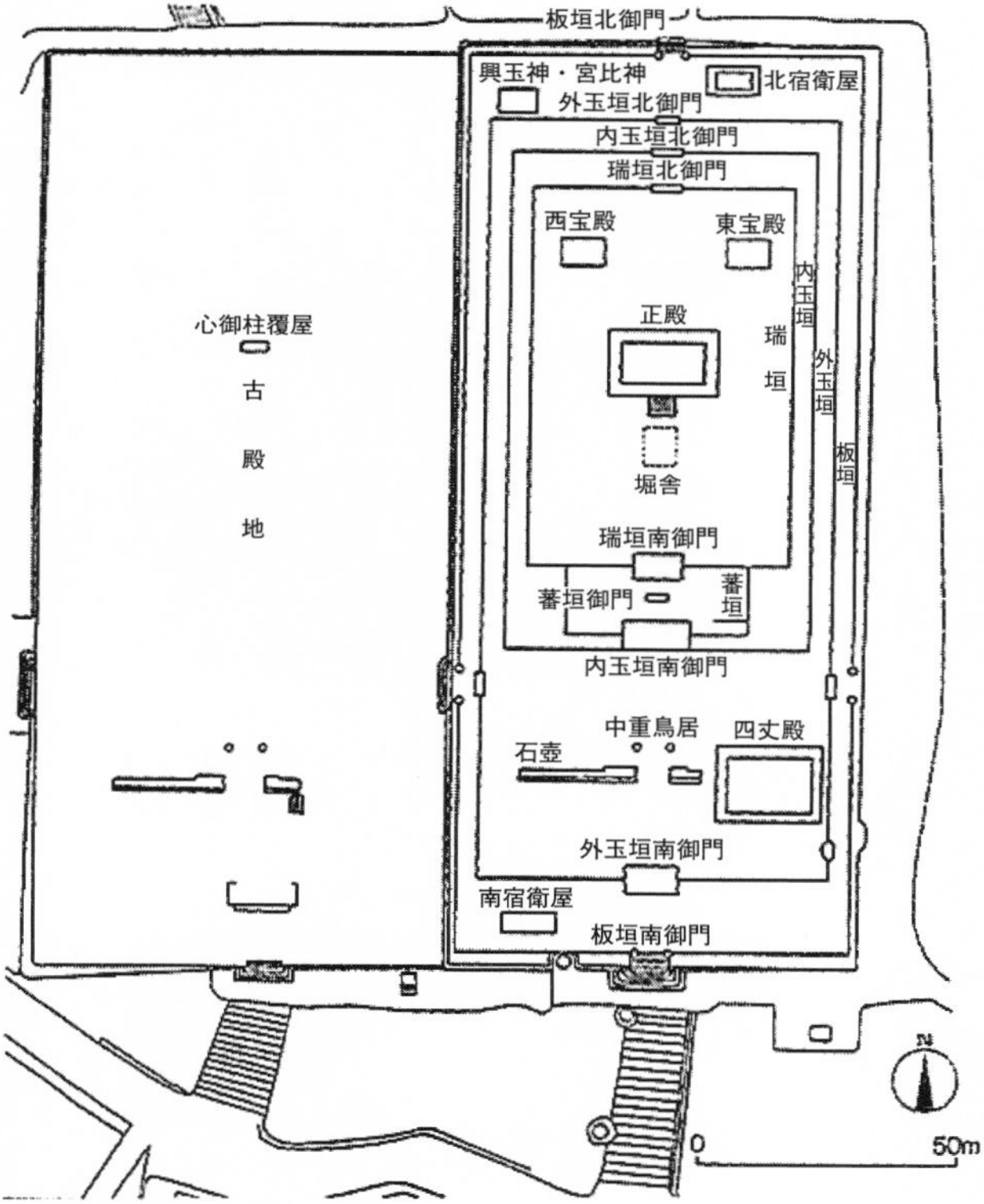

板垣北御門
興玉神・宮比神
北宿衛屋
外玉垣北御門
内玉垣北御門
瑞垣北御門
西宝殿
東宝殿
内玉垣
正殿
瑞垣
外玉垣
板垣
心御柱覆屋
古殿地
堀舎
瑞垣南御門
蕃垣御門
蕃垣
内玉垣南御門
中重鳥居
四丈殿
石壺
外玉垣南御門
南宿衛屋
板垣南御門
N
0
50m

伊勢神宮の構造

神宮では20年ごとの遷宮で旧社地には心御柱とその覆屋だけが残り神聖な禁足地とされる

うことを追跡し確認しているので、もっとも信頼性の高い説である。

さて、その神宮の社殿配置に注目してみると、それは南北軸で造営されていることがわかる。その一方、旧社地と新社地とは東西に並列して設営されており、その東西の旧社地と新社地との間で、二〇年ごとの遷宮のたびに神宮の社殿は新しいものへと造替され続けているという関係性がわかる。つまり東西に、二〇年ごとに往復運動をするかたちとなっているのである。その遷宮の際には、旧社殿から新社殿へと御樋代《みひしろ》の中に奉斎されている天照大神の御正体である神鏡が遷されるのであるが、旧社殿の根本であった心御柱はそのまま覆屋の中に残される。そして、二〇年後の遷宮で新社殿が建てられるときにその心御柱も新旧の交替となる。したがって、遷宮の繰り返しの中で、旧社地は覆屋の中の心御柱が残されながらも、常に禁足地となってきているのである。

このように清浄なるよき鎮座地をもとめて神は来臨し鎮座することが基本であったことを示している神社として注目されるのは、一つには、近代までの長い歴史の中でずっと拝殿だけで本殿を設けることのなかった石上神宮や、現在も本殿はないとする大神神社の例である。もう一つは、六年ごとに神殿の柱を立ててその更新をあらわす儀礼を伝えている信州の上社と下社の諏訪《すわ》大社の例である。

二　大神神社と三輪山

三輪山はその山麓の祭祀遺跡が四世紀後半からの磐座祭祀、そして六世紀後半から禁足地祭祀へ、という変遷を物語る貴重な遺跡である。現在も、優美な三輪山がご神体とされる大神神社が祭られているが、そのもともとは、記紀神話に、出雲の大己貴神の国造りに際して海原を照らして寄り来たった神霊を大和の三輪山に皇孫の守り神として祭ったという由緒を伝える古い神社である。その神霊を『日本書紀』では幸魂《さきみたま》、奇魂《くしみたま》といい、「出雲国造神賀詞」では和魂《にぎみたま》といっている。現在も本殿はなく拝殿が参拝者を迎えるが、祭神の美和大物主神《みわのおおものぬしのかみ》が蛇体の神であるという伝承をうけてかのように、「巳《み》の神杉《かみすぎ》」と呼ばれる杉の巨木がそびえ立っており、その幹の虚《うろ》には巳・蛇が棲むといわれて好物の鶏卵が供えられている。

また、『日本書紀』の崇神天皇の八年一二月の記事では大物主大神の子である大田田根子《おおたたねこ》という人物に祭りを行なわせたとき、高橋邑の活日《いくひ》という人物を「大神《おおみわ》の掌酒《さかびと》」に任じたといい、その活日が天皇に神酒《みき》を献じるときに詠《うた》ったのが、「此の神酒は　我が神酒な

三輪山遠望

大神神社の拝殿

らず　倭成す《やまと》　大物主の　醸《か》みし神酒　幾久《いくひさ》　幾久」という歌であったという。
その由緒を伝えるかのように、造り酒屋の軒先に新酒ができたことを知らせる酒林《さかばやし》とも呼ばれる杉玉を吊るす風習が伝えられている。境内の神杉と供物の鶏卵も、酒林の杉玉造りも、古代から長い歴史の中で絶えることなく確実に伝えられてきたものではおそらくはあるまい。しかし、現在伝えられているのは、伝承というものが神社の歴史の中で時代ごとにいわばオンになったりオフになったり、顕在したり潜在したりしてきたことをよくあらわしているのである。大神神社にとって三輪山と蛇体の神と神酒という三つの要素はいまもその存在証明のように大切なものとして伝承されているからである。

11月の酒林の杉玉造り

三　石上神宮と禁足地

禁足地祭祀の典型的な例として知られるのは、石上神宮である。拝殿の背後に瑞垣《みずがき》で囲まれた禁足地があり、その禁足地を石上布留高庭《いそのかみふるのたかにわ》と呼び習わして祭祀の場所としてきた。現在はその禁足地の中に本殿と神庫《ほくら》が建てられているが、その本殿は大正二（一九一

石上神宮の拝殿

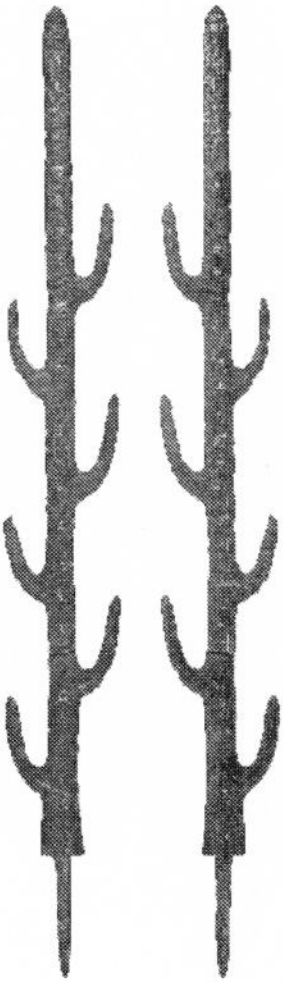
七支刀

三）年に新たに造営されたものであり、神庫はその前年に拝殿の西隣から移築されたものである。

かつて禁足地では神宝を埋めたとされる盛り土を祭祀しており、そこには、『日本書紀』の語る神剣の韴霊《ふつのみたま》、『古事記』の注が語る布都御魂《ふつのみたま》が埋納されているという社伝があった。そこで、明治七（一八七四）年、当時の石上神宮大宮司菅政友《かんまさとも》によって発掘が行なわれたところ、翡翠の丁字頭《ていじとう》勾玉一〇個と軟玉勾玉一個、環頭大刀の柄頭その他の古墳時代の遺物が出土した。有名な七支刀《しちしとう》はそれらとは別に境内の神庫に「日の御盾」と呼ばれてきた鉄盾二面などとともに納められていた。

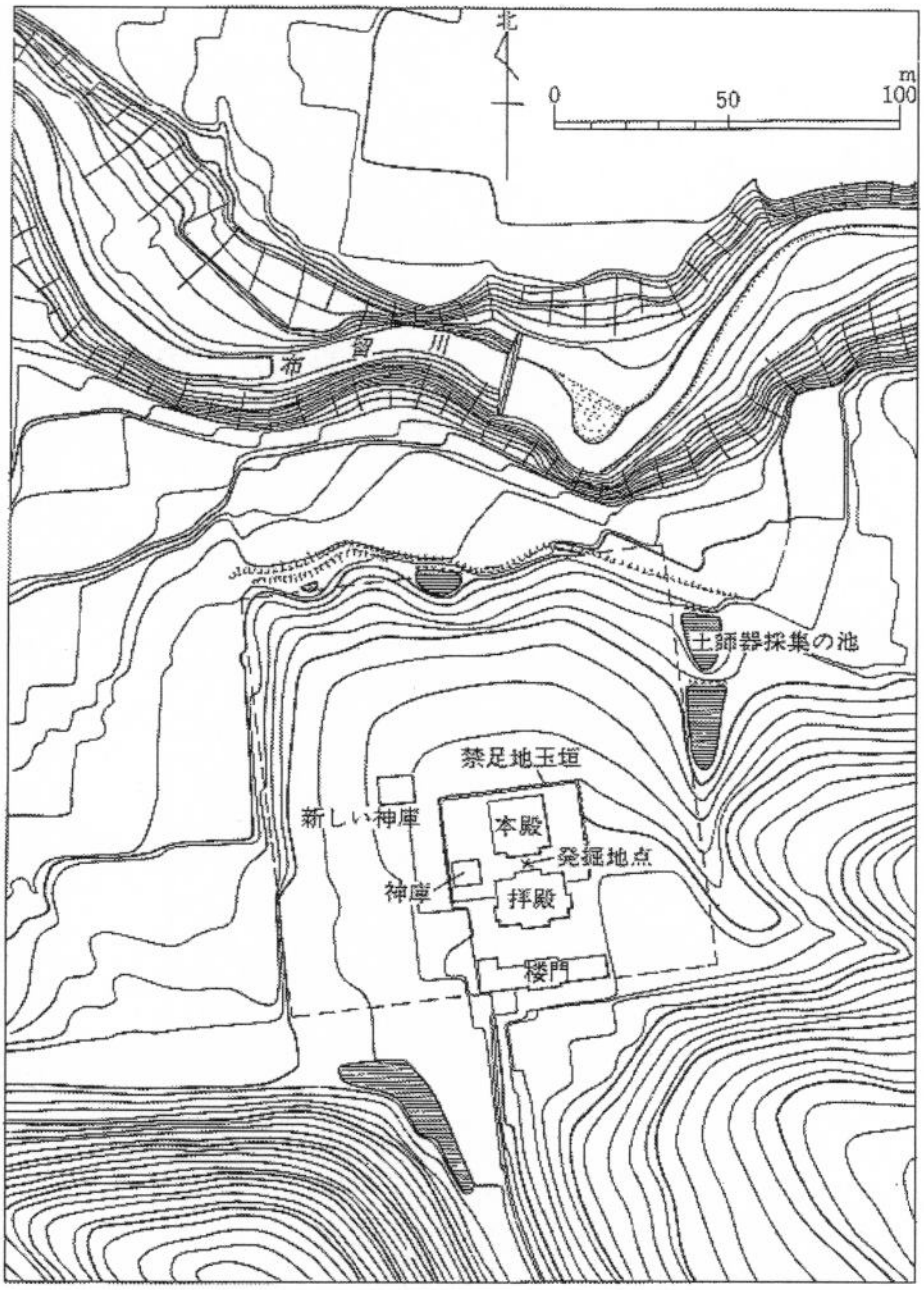

石上神宮と周辺の地形（方形の段の上に主要建物がある）

四　諏訪上下両社と御柱祭

禁足地祭祀が古くからの神祇祭祀の方式であったことをよく示しているのが、信州の諏訪湖の近くに鎮座している諏訪大社である。諏訪湖の南の上社と北の下社の二社からなるが、そのように上社と下社の二社からなるのは、他にも京都の上賀茂神社と下鴨神社の例にもみられるように古風な神社のあり方といってよい。その上社には、さらに本宮と前宮の二社があり、下社にも春宮と秋宮の二社がある。

『古事記』の国譲り神話では高天原から遣わされた建御雷神《たけみかずちのかみ》と戦って負けた大国主神の子の建御名方神《たけみなかたのかみ》が科野《しなの》国の州羽《すわ》の海にまで逃れてこの地に祭られたという伝承を記している。三輪山の大物主大神もそうであるが、この諏訪社もそうであり、出雲系の神は蛇体の神であるという伝承が根強い。それは出雲国造をはじめ佐太《さだ》神社や万九千《まんくせん》神社など出雲で古くからまつられている龍蛇神の信仰と神在月の伝承とも通底しているものと考えられる。

諏訪社でも龍蛇への信仰がその特徴の一つで、上社では毎年年頭に蛙狩《かわずがり》の神事があり、蛇の好物の蛙を供えている。諏訪社の神は白蛇としてその姿をあらわすという信仰もある。上社の大祭は旧暦三月酉日（現在は四月一五日）の御頭祭《おんとうさい》で、下社の大祭は旧暦七月一日（現在は八月一日）のお舟祭と呼ばれる御遷宮である。

六年ごとの御柱祭　そして、上社、下社ともに六年ごとの寅《とら》と申《さる》の年の四月から五月に行なわれるのが御柱祭《おんばしらさい》である。御柱祭は山中から長さ一二～一六メートル、根元の太さ二

〜三メートルの樅《もみ》の木の巨木を上社八本、下社八本ずつ伐り出して山出して、里曳きなどを経て、上社の本宮と前宮、下社の春宮と秋宮のそれぞれ四社の社殿地の四隅に建てる祭事である。この御柱祭によってもわかるように、この諏訪大社には上社の本宮と下社の春宮と秋宮の三社には本殿がなく、上社前宮には現在は本殿があってもその社殿地の四隅に

諏訪下社春宮の幣拝殿と御柱

御柱建て

は同じく御柱が建てられ、古くからの禁足地祭祀のかたちを、この諏訪上下社は残しているといってよい。

獣肉鳥肉類の神饌　また、上社前宮で行なわれる御頭祭でとくに注目されるのが、鹿の頭や鹿肉、雉子《きじ》の生贄などの神饌類である。稲作に関する神事祭礼が中心となっているのが日本の神社祭祀であり、このように古い神社でありながら獣肉鳥肉類を供物としている例は貴重である。この諏訪社では御射山祭《みさやままつり》といって、諏訪明神の狩場であったと伝える八ヶ岳山麓の神野とも呼ばれた場所に作った穂屋《ほや》という青萱やススキの仮屋に、最高の神職の大祝以下が籠る神事も伝えられている。

日本各地では、島根県松江市八雲《やくも》町の熊野大社の御狩祭、岡山県中山《なかやま》神社の御鹿祭、千葉県旧清和《せいわ》村市場の氏神の獣切祭、千葉県館山《たてやま》市の安房《あわ》神社の神狩《みかり》神事など、狩猟に関する神饌の伝承の例は少なくない。宮崎県の山間部で伝えられる椎葉《しいば》神楽《かぐら》や銀鏡《しろみ》神楽における氏神の祭礼でも鹿肉や猪肉が神饌として供えられており、日本の神事祭礼が、稲作だけでなく狩猟にも関係する収穫感謝の祭りでもあった歴史が重層していることがわかる。平安時代の保延二（一一三六）年に関白藤原忠通《ただみち》が五穀豊穣、国家安寧を祈願して始めたといわれる春日社《かすがしゃ》の春日若宮おん祭でも、懸物《かけもの》として雉子、兎、狸などの鳥獣類、酒樽などが献じられている。

日本の神社の祭りにおけるもっともたいせつな神饌は稲米であり、熟饌の白米飯、神酒、米粉を水で練った粢《しとぎ》、餅などが供えられるのがふつうである。それは稲作の定着の中で「稲の王」として君臨してきた天皇と皇祖神と八百万の神々への初穂米の献納が神社

諏訪上社前宮の御頭祭と神饌の鹿肉と鹿頭

春日若宮おん祭の懸物　かつては雉子が1200羽余、兎、狸、酒樽などが献じられた

の祭りの基本とされてきたからである。伊勢神宮の神嘗祭や天皇の新嘗祭や大嘗祭がその基本的な祭り方をあらわしている。しかし、その一方に、もう一つの方式が日本の神祭りにはあることを伝えているのが、このような獣肉鳥肉類を神饌とする祭りの伝承なのである。

椎葉神楽の神前供物の猪頭と猪肉

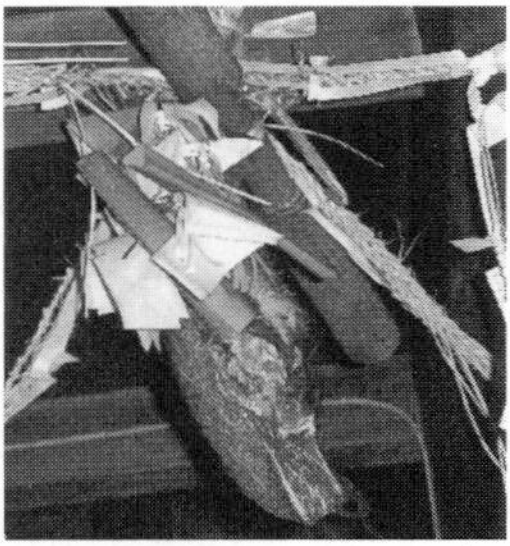
奉納された猪肉

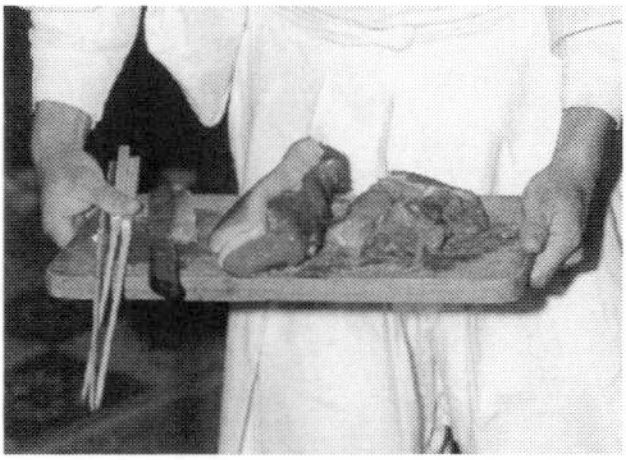
直会に調理される猪肉

獣肉忌避は一〇世紀以降　古代の天皇の食膳に鹿や猪の肉が調進されていた記事は多くみられ、地方の国司からそれらが貢進されていたことをあらわす記事も多い。『延喜式』巻三九の内膳司が記す「式」内膳の天皇の「正月三節」の食膳には、「鹿宍、猪宍」とあり、鹿肉や猪肉が不可欠であったことがわかる。「淡路国正税帳」（『大日本古文書』2）には、天平一〇（七三八）年正月二節の御贄として「柄宍《えのしし》四頭」を運んだとあり、それは四脚を結わえて柄《おうこ》（朸）に通した尾頭と五臓のついた鹿肉の献上であった。天皇の正月の儀礼食として、瓜《うり》の漬物や鮎《あゆ》の加工品のほかに鹿肉や猪肉が必要不可欠であったことがわかるのである。つまり、牛馬や鹿猪などの肉も血も、奈良時代から平安時代前半頃まではまだ穢れたものとして忌み避けられていたわけではなかったのである。では、いつどのようにして、動物の肉や血が穢れたものとみなされるようになっていったのか。いち早くその変化を見せたのは、神社における神祇祭祀の現場からであった。『続日本後紀《しょくにほんこうき》』や『類聚三代格《るいじゅうさんだいきゃく》』にみえる八四〇年代の太政官符には、次のような記事がみえる。

太政官符（承和八年三月一日）「応禁制春日神山之内狩猟伐木事（中略）藤原朝臣良房宣偁、春日神山四至灼然、而今聞、狩猟之輩触穢斎場、採樵之人伐損樹木、神明攸咎、恐及国家、宜下知当国厳令禁制者」。

太政官符（承和一一年一一月四日）「応禁制汚穢鴨上下大神宮辺河事（中略）鴨川之流経

二神宮、但欲清潔之、豈敢汚穢、而遊猟之徒就屠割事、濫穢上流、経触穢神社、因茲汚穢之祟屢出御卜」。

これによると、春日社や上賀茂下鴨両社では、近隣の山野での狩猟に対して、神域を穢すものとしてその禁止をもとめる動きが現れている。そしてその後、神祇祭祀や天皇祭祀の清浄性を求めるようになっていった摂関貴族たちの世界では、九世紀後半から一〇世紀初頭にかけて次第に動物の肉や血を穢れたものとみなすように変化していったのである。『延喜式』神祇三・臨時祭の条には、「凡鴨御祖社南辺者、雖在四至之外、濫僧屠者等、不得居住」とあり、「式」の規定として、神域に近い範囲には狩猟をして獣物を解体調理する屠者やその獣肉を食べる濫僧の類の居住はこれを認めない、とされている。

天皇と摂関貴族の触穢思想　つまり、七〜八世紀には天皇をはじめ貴族層もさかんに肉食を行なっていたが、九〜一〇世紀になると、その肉食は禁忌視されるようにと大きく変化していったのである。それは神聖なるまつりごと、つまり、神祇祭祀と摂関政治に奉仕する平安貴族たちにとって必要不可欠とされた清浄性の維持のための規範であり、禁忌とされていったのである。この九世紀から一〇世紀の変化は、藤原良房《よしふさ》による幼帝清和《せいわ》の強引な即位という異常な実行によって起こされたところに起因する連動的な転換現象であっ

律令制	天皇（祭祀王・世俗王）	
	律令神祇祭祀制	律令法体系
	律令官寺制（鎮護国家）	律令官僚制
摂関制	天皇（祭祀王）	
	平安祭祀制	格式中心的律令法体系
	王城鎮護の密教体制	令外官中心的律令官僚制

た。それは日本の古代国家の重要な構造的な転換であり、一言でいえば、律令制から摂関制への転換である。

祭祀王への純化　平安京に遷都した王権に変化が起きるのは、九世紀から一〇世紀にかけてであった。古代の神祇祭祀の上で、天武朝から大宝年間にかけて形成された神祇令を中心とする「律令祭祀制」に対して、それとは異なる新たな「平安祭祀制」がその時期に形成されてくることとなったのである。そのことを明らかにした岡田荘司氏によれば、律令祭祀制の特徴は、神祇官による運営、年中四度の祭祀つまり祈年祭・二度の月次祭《つきなみのまつり》・新嘗祭を中心とし、全国の官社を対象としてその祝部《はふりべ》が幣帛《へいはく》を受け取りに来る幣帛班給制度にあった。それに対して、九世紀から一〇世紀に成立する平安祭祀制においては、国家祭祀と天皇祭祀とが重なり合い、やがて天皇祭祀の性格が濃厚となった。

それまでの全国の官社を対象とする幣帛班給制度から、京畿を中心とする二二社など特定の有力神社を対象とする奉幣制度へ、と転換し、旧来の祈年祭や新嘗祭以外の臨時祭が重視されるようになり、天皇の神社行幸もさかんに行なわれるようになったのである。この「天皇祭祀」と「摂関政治」とが相互に補完しあう関係にあり、そこでは天皇の権威の根源としてその神聖性と清浄性とが不可欠の要素として強調されるようになったのである。そして、そのそばに仕える摂政や関白をはじめとする高級貴族たちにとっても、もっとも重要不可欠とされたのが触穢《しょくえ》の徹底した忌避だったのである。摂関貴族にとっての触穢忌避は感覚や観念や思想にとどまらず、法的な制度としてのものともなっていったのである。

第六章　神社と本殿建築の変遷

——住吉造・春日造・流造・入母屋造

神社といえば、やはり視覚的にみてその建築物の形状であろう。日本の神社にはさまざまな建築様式がある。ここで、それについて整理してみよう。第三章で紹介したように、もっとも古い出雲の大社造は古代の豪族の居館に由来する住居型の建物であり、伊勢神宮の神明造は神聖な神鏡の奉安のための空間を設営した非住居型の建物である。住居型の本殿は神職の参入型であり、非住居型の本殿は神職の非参入型である。そこで、それに続く神社本殿の建築様式について、古い順にみてみよう。

一　住吉大社と住吉造

古代の住居型の形式の神社本殿の代表的な例は、摂津《せっつ》の住吉大社《すみよしたいしゃ》である。航海を守護する神として住吉三神が一列に並び、大阪湾に真っすぐに西面して祭られている。参拝者からみて一番奥の第一本宮に底筒男命《そこつつのおのみこと》、その手前の第二本宮に中筒男命《なかつつのおのみこと》、さらに手前の第三本宮に表筒男命《うわつつのおのみこと》の社殿が一列に並んでおり、手前の第三本宮の右横隣に第四本宮の神功皇后《じんぐうこうごう》の社殿が建てられている。

平安時代前期と推定される「住吉大社神代記」では、第一本宮を表筒男命にするなど順序には記録によって異同があるが、住吉三神という男神と、一柱の女神という組み合わせに変わりはない。この住吉大社の住吉三神は、記紀神話では航海守護の神として神功皇后

住吉大社　手前が第三本宮の拝殿と本殿　左奥が第二本宮　右隣が第四本宮の拝殿

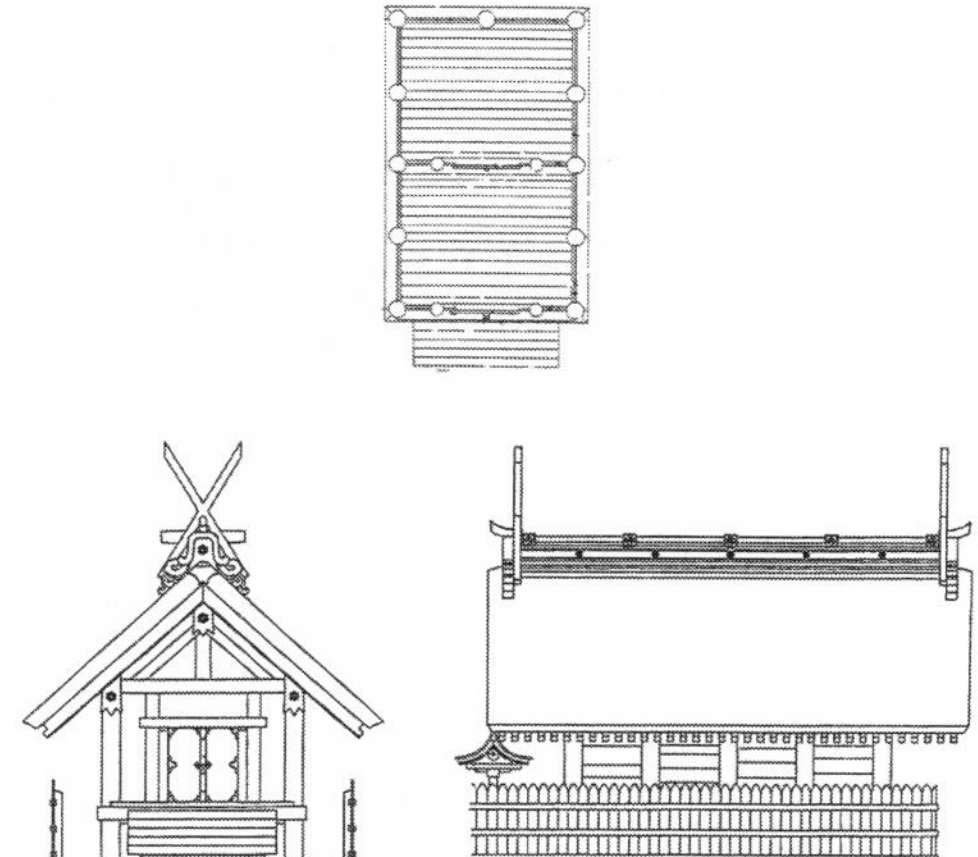

本殿三面図

紀にその記事があり、歴史的には『続日本紀』などに奈良時代の遣唐使の航海安全を祈願した神社としての記事がある。古代から朝廷をはじめ航海運輸の関係者や地元の大阪の住民はもちろん、広く全国から信仰を集めてきた神社である。

社殿の特徴は、切妻造の妻入、檜皮葺、そして内部は前後二室からなるという点であ

第二本宮の本殿を後方からみる

第一本宮の拝殿　この後方に本殿がある

る。前後二室だから正面二間背面二間、側面四間の構成であり、正面中央の柱は省略されていて柱間を一間として参入者を迎えるように扉をかまえている。前後二室となっているのは、古代の居館の奥の間と前の接客の間という二室の間取りにならったものと考えられる。先の大社造とこの住吉造の本殿形式は、いずれも祭員参入式で古代の権力者の具体的な居館建築に由来するタイプとして古風な形式といえる。

二　春日社と春日造

伊勢神宮と同じく祭員の非参入式の本殿建築の例が、奈良の春日社の春日造である。ただし、それは歴史的には比較的新しい。春日の神は、天平勝宝八（七五六）年「東大寺山堺四至図」に御蓋山《みかさやま》の山麓に「神地」と注記されているように、その一画に祭られていたと考えられる。社殿が建てられるのは、『万葉集』四〇四の歌で「ちはやぶる　神の社しなかりせば　春日の野辺に　粟蒔《あわま》かましを」と詠まれている頃からである。春日社の社家に伝来した鎌倉時代の写本「古社記」には、神護景雲二（七六八）年一一月九日に、御蓋山の山腹に左大臣藤原永手《ながて》が創建したと伝えている。

二神から四神へ　ただし、春日社の祭神は、奈良時代の『続日本紀』の宝亀八（七七七）

年七月一六日条が記している内大臣藤原良継《よしつぐ》の病気に際して平癒を祈ったときには、鹿島《かしま》神と香取《かとり》神の二神であった。それが、平安時代の『続日本後紀《しょくにほんこうき》』の承和三（八三六）年五月九日条の藤原常嗣《つねつぐ》が遣唐使に派遣されるときの航海安全祈願の記事では、鹿嶋坐建御《かしまにいますたけみ》賀豆智命《かずちのみこと》と香取坐伊波比主命《かとりにいますいわいぬしのみこと》に加えて枚岡坐天之子八根命《ひらおかにいますあまのこやねのみこと》と比売神《ひめかみ》という「四柱大神」への安全祈願と変わっている。つまり、春日造の本殿はもとは二社の並列であったのが、後に現在のような四社の並列になったものと考えられる。

春日造の本殿　春日社は、明治四（一八七一）年に官幣大社春日神社、昭和二一（一九四六）年に宗教法人春日大社となって現在に至っているが、丹塗《にぬ》りの色鮮やかな本殿、中門、南門、回廊など、壮麗な建築物が参拝者の目を引く。しかし、それは長い歴史の中での変化の結果であり、興福寺《こうふくじ》の影響や摂関家をはじめ時代ごとの権力者の影響を受けて現在に至っている。

応徳三（一〇八六）年の白河院《しらかわいん》から始まる院政期の春日社は、興福寺からの強い要請を受けて増改築を進め、まず本殿の四殿を囲む瑞垣と鳥居が神前読経のための御廊と中門によって囲まれた。その後、中門の外で奉幣や祭事を行なう空間にも瑞垣を巡らし南面の鳥居は承保二（一〇七五）年に四脚門に改められた。治承三（一一七九）年にはその瑞垣が回廊となり、南門の四脚門も現在みるような二階建ての楼門へとその姿を変えた（白原・二〇一二）。楼門や回廊は仏教建築の基本であり、神社建築のものではない。しかし、日本各地に、神仏習合の長い時代の影響を受けて、楼門や回廊を設けている神社は少なくない。

そのような変遷を示しているのが、「春日曼荼羅《まんだら》」と呼ばれる図像である。図1はまだ

図1　まだ鳥居と瑞垣だけ

図2　楼門と回廊が描かれている「春日曼荼羅」

楼門も回廊もなく本殿の四殿を囲む瑞垣と鳥居があった時代を描いている。図2はすでに楼門と回廊が描かれている図像である。図2の全体図では、この下方に天永三（一一一二）年に関白藤原忠実《ただざね》の本願で建てられた西塔と、保延六（一一四〇）年に鳥羽《とば》上皇の本願で建てられた東塔が、描かれている。しかし、治承四（一一八〇）年の平重衡《たいらのしげひら》の南都焼討により焼失して、その後鎌倉時代にいったんは再興されたが、室町時代の応永一八（一四一一）年の雷火で焼失してからはいままで再建されていない。

では本殿建築についてみてみよう。

春日造と呼ばれるように、春日社の本殿には特徴がある。建築様式としては、①切妻造・妻入・檜皮葺・左右対称・祭員非参入・神の専有空間、というかたちである。②「四柱大神」のために一間社という小規模の社殿が四棟ある。この一間社というのは柱が左右前後に二本ずつ計四本で、柱間が一間という小規模の社殿である。③小規模の身舎《もや》だということでそれを補うように身舎から妻の方向に庇《ひさし》を伸ばして階《きざはし》を覆う向拝《こうはい》としている。④掘立柱ではなく柱下に井桁《いげた》に組んだ土台をもつ。これは小さい身舎を安定させるための工夫だと三浦正幸氏はいう。⑤屋根の曲線にあわせて千木が曲線を描いており、社殿に丹塗りの彩色が施されてあざやかである。

この五点が特徴である。四神となったのは前述のように平安遷都以降のことで、春日社

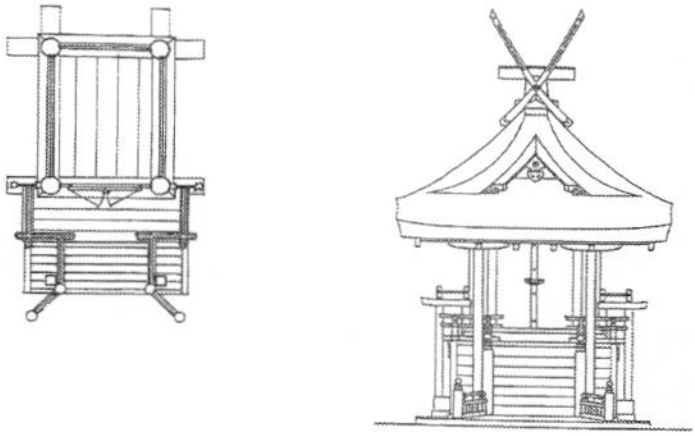

春日大社本殿

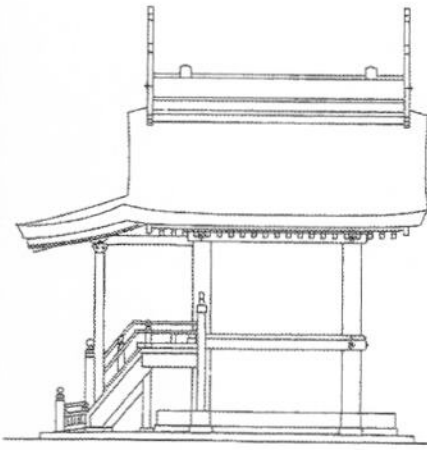

一間社三面図

の祭神が新たに平安京で大原野《おおはらの》神社にも祭られた段階からであり、その際に社殿が二棟から四棟になったと考えられる。

三　上賀茂神社と下鴨神社の流造

京都の賀茂社は、通称上賀茂神社と呼ばれる賀茂別雷《かもわけいかずち》神社と、通称下鴨神社と呼ばれる賀茂御祖《かもみおや》神社の両社からなる由緒の古い神社である。同じように古い由緒を伝える長野県の諏訪社も上社と下社の両社からなっており、このような上下両社で一つの神社という形式は日本の神社の古いかたちの一つといえる。伊勢神宮も内宮と外宮という両社からなっているとおりである。

賀茂川の上流に上賀茂社、中流に下鴨社が立地しているが、祭神は下鴨社が父神の賀茂《かも》建角身命《たけつのみのみこと》とその娘の玉依日売《たまよりひめ》、上賀茂社はその玉依日売が賀茂川を流れてきた丹塗《にぬりのや》矢を拾ってきて床に置いたところ懐妊して生まれたという賀茂別雷神である。この玉依日売と丹塗矢と賀茂別雷神の誕生の話は、『山城国風土記』の逸文が伝えるものである。玉依日売の父親の賀茂建角身命の子孫だと伝える賀茂県主の一族が、この山背《やましろ》国の葛野《かどの》郡から愛宕《おたぎ》郡の一帯に居住し支配していたのは、律令制以前の大和朝廷の地方行政組織の一種である国造や県主とよばれる有力者が支配していた六〜七世紀からのことであった。

この上賀茂神社と下鴨神社の本殿建築の様式は、これまでみてきた、神明造、大社造、住吉造、春日造とは異なり、屋根に千木や鰹木のない本殿で、流造という建築様式である。その流造の名前が示すように、切妻造・平入の身舎の正面に庇を付けてその庇に向けて正面側の屋根を伸ばした形式である。屋根が正面に向かって長く流れているので流造という。側面からみると、屋根が「へ」の字のかたちになっている。そして、正面の庇の下には高床式の身舎に登るための階段、木階《きざはし》が造られている。庇というのは木階の雨除けであり、その木階の下から本殿の祭神に拝礼する場でもある。身舎の四周には背面を除く三面に廻縁を設けている。

日本の古い神社の本殿としては、伊勢神宮の神明造、出雲大社の大社造、住吉大社の住吉造、春日大社の春日造が印象的であるが、それらの建築様式を伝える神社は実際にはその数は少ない。大社造はほぼ島根県域に限られているし、春日造も奈良県を中心に和歌山、大阪、兵庫などに限られている。そのような中で、日本の神社本殿の形式でもっとも多く、全国で約一〇万社もあるといわれる日本の神社のうちで全体の約六割を占めているのは、この上賀茂神社と下鴨神社のような流造の本殿である。そして、この流造の本殿の最古のものがほかならぬこの上賀茂神社と下鴨神社なのである。

流造は多くの参拝者が本殿にまで昇殿し参入することなく木階の下から本殿の祭神に向かって拝礼できる形式である。そうしたところから、中世、近世の神社建築では流造の本殿が普及していった。だから、いまでも日本各地でもっとも目にする機会が多いのが、この流造の建築様式の神社本殿なのである。

その流造の最古式の神社が、上賀茂神社・下鴨神社の両社であり、切妻造・平入の三間社で、屋根は檜皮葺だが千木と鰹木はつけない。他にも、宇佐八幡宮や石清水八幡宮、祇園八坂神社、安芸の宮島の厳島神社など、平安時代の神社建築には、千木と鰹木はつけないのがふつうである。そして、賀茂社では本殿の柱の下に井桁に組んだ土台をもつ点が特徴である。上賀茂神社と下鴨神社が、古い建築様式であるはずの掘立柱ではなく本殿の下

上賀茂神社の権殿（向かって右奥が本殿）

上賀茂神社の本殿（向かって左奥が権殿）

に土台をもつことについては、遷宮との関係で説明されてきている。

賀茂上下両社では伊勢神宮と同じく式年遷宮をくりかえしてきており、平成二七（二〇一五）年に上賀茂神社が二一年ぶりに四二回目、下鴨神社が二一年ぶりに三四回目の遷宮であった。式年といっても今回のように二一年目とは定まってはおらず年数は不定であるが、継続的に行なわれてきている。

土台をもつ上賀茂神社の本殿様式については、建築史の稲垣栄三氏によれば、遷宮の本殿造替の過程で、完成した新本殿をそのまま引き家工法で移動させるための工夫の一つで

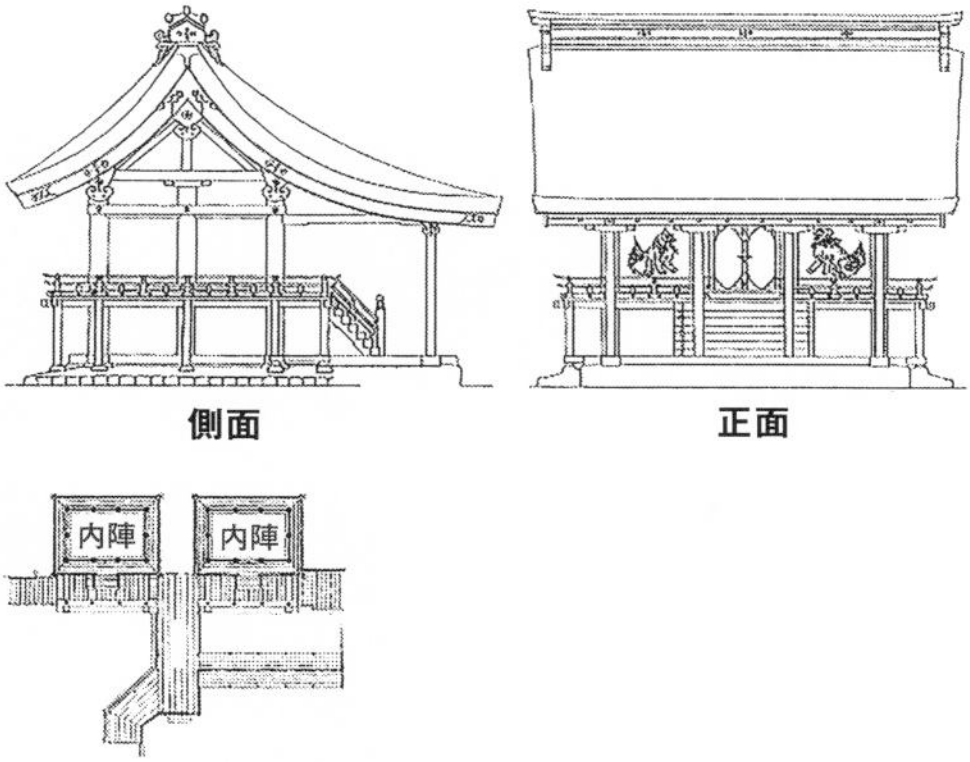

上賀茂神社の本殿と権殿

下鴨神社の東本殿と西本殿

あるという。本殿の造替に当たりまず古本殿の少し前に、あらかじめ新本殿を建てておき、遷宮の当日にご神体を古本殿から権殿へいったん遷す、そして古本殿を取り壊してから、新本殿を轆轤《ろくろ》で引いて古本殿があった位置に据える、そのあとで新本殿にご神体を遷す、という順番で行なっており、土台の役割とは、完成した新本殿をそのまま引き家工法で移動させることにあるというのである。

四　石清水八幡宮と八幡造

平安京遷都より前の古い時代から山背国葛野郡、愛宕郡の地に、賀茂川に沿って祭られてきた上賀茂神社と下鴨神社は、遷都の後にはあらためて平安京と朝廷を鎮護する神社として朝廷をはじめ平安京の人びとの信仰を集めてきたのであったが、その一方で、平安京の東北方の艮《うしとら》の鬼門を守る比叡山延暦寺《ひえいざんえんりゃくじ》に対して、西南方の坤《ひつじさる》の裏鬼門を守るのが、男山《おとこやま》の石清水八幡宮だといわれるようになっていた。ただし、その石清水八幡宮は古くから男山の現在地に祭られていた神社ではなかった。もとは九州の豊前《ぶぜん》国の宇佐八幡宮が本社であり、そこからこの地に貞観元（八五九）年に祭神が勧請され、翌貞観二（八六〇）年に遷座《せんざ》された神社であった。

宇佐から石清水へ　その本社の宇佐八幡宮の原点は、現在の八幡宮の東南方向約五キロメートルにある大元山《おもとさん》（御許山）に比定される馬城峯《まきのみね》の山頂に鼎立している三巨岩を対象とする磐座祭祀であった。それは土着の豪族宇佐氏が祭っていたものと推定され、それに渡来系氏族で宇佐に住みついた辛島《からしま》氏が祭っていた神と、大和からやってきた大神《おおが》氏が関与しながら形成されたのがもともとの八幡神の信仰であった。その八幡神の信仰の特徴は、歴史からみれば、

①　鎮護国家の武力の守護神であった。天平九（七三七）年の新羅の無礼に対して伊勢神宮をはじめ奉幣の対象とされた神社の中に、筑紫《つくし》住吉社、香椎《かしい》宮とともに八幡二社も加えられていた。八幡神はまた、天平一二（七四〇）年の藤原広嗣《ひろつぐ》の乱の鎮定のために下向した大野東人《おおののあずまひと》が、聖武《しょうむ》天皇の詔によって反乱鎮圧を祈請する神ともされていた。つまり、平城京の宮廷にとっても、八幡神は鎮護国家の祈禱を行なう神社の内の一つと位置づけられていたのである。

②　大仏造立事業の守護神であった。『続日本紀』の天平勝宝元（七四九）年一二月二七日条の詔には「豊前国宇佐郡尓坐広幡乃八幡大神尓申賜閇勅久」とあり、宇佐の八幡大神《はちまんおおかみ》が天神地祇を率いて大仏造立の成就への協力を誓う旨の託宣を下しており、東大寺の建立に当たっての守護神として宇佐八幡神が勧請され、手向山《たむけやま》八幡宮として祭られている。

③　宇佐八幡神託事件のように皇位にまでもかかわる霊験あらたかな託宣の神であった。称徳《しょうとく》天皇による弓削道鏡《ゆげのどうきょう》の天皇即位へ向けての託宣の効果が一定の程度は信じられたようにである。藤原氏とその意を受けた和気清麻呂《わけのきよまろ》の行動によりそれは実行されなかったが、その可能性はあったのである。

つまり、この八幡神は異様な霊験力をもつ神として信仰されていたのであり、その背景には、前述のようにもともと土着の豪族宇佐氏の祭祀の対象であったのが、それに渡来系氏族の辛島氏が祭っていた神と、大和からきた大神氏が関与して形成された神である、という混合的な神格であるというところにその独自の特徴があるものと考えられる。

祭神の変化　この宇佐八幡神がしだいに陰陽道や仏教とも習合していき、やがて八幡大菩薩と呼ばれるようになり、さらにその八幡大神を記紀が伝える三韓征伐の神話で知られる神功皇后とその皇子の応神天皇へと仮託していったのは、石清水への遷座以前の弘仁年間（八一〇〜八二四）から承和年間（八三四〜八四八）のころからではなかったかと思われる。弘仁六（八一五）年の「宇佐八幡宮神主大神清麻呂解状」（「弘仁官符」）には「件大菩薩、是亦太上天皇御霊也」とあり、この太上天皇とは聖武天皇のことと考えられるが、承和年間と伝える『宇佐八幡宮弥勒寺建立縁起』（「承和縁起」）には「右御神者是品太天皇御霊也」とあり、この品太《ほむた》天皇とは応神天皇のことである。それらの記事からみて、平安前期の九世紀半ば以降のことと推定される。

その宇佐八幡宮が現在の男山の地に勧請され遷座された経緯については、以下のような記録がある。南都の大安寺《だいあんじ》の僧行教《ぎょうきょう》が貞観五（八六三）年に書いたという「石清水八幡宮護国寺略記」によれば、次のような縁起が伝えられている。貞観元（八五九）年にかねてより念願していた宇佐八幡宮に参籠した行教は神前で昼は大乗経の転読、夜は真言陀羅《だら》尼《に》を熱心に唱えて一夏、四月から六月を過ごした。そうして都へ帰ろうとした七月一五日の夜半、「都の近くに移座し、国家を鎮護せん」という託宣を受けた。

その後、行教が平安京に近い山崎《やまざき》のあたりにまで帰ってきた八月二三日の夜半、「移座すべき処は石清水男山の峯なり、われそこに現れん」と告げられ、驚いて南方に向かい百余遍八幡神を礼拝したところ、山城国坤方の山頂に和光瑞《わこうずい》を垂れること月星のごとく、光照遍く満ち輝き、身の毛よだって地に伏したという。翌朝、山頂に登って三ヵ日夜祈誓し、そこに仮殿舎を設けた。そして、清和天皇の朝廷に参内しこのことを奏上したところ、九月一九日に勅使の下向があり、ただちに宝殿の造営が始まって、翌貞観二（八六〇）年に完成し、そして四月三日に遷座されたという。

このように縁起類は伝えているが、その男山の石清水八幡宮の設営についてここで注意しておく必要があるのは、第五章でも少しだけ言及した藤原良房とその周辺のスタッフたちの思惑である。一つには、古くから平安京の鬼門である艮の方角の比叡山延暦寺に対して、裏鬼門にあたる坤の方角の男山石清水八幡宮の造営であり、それは新たな藤原摂関家の平安王朝にとっての鎮護国家の要としての意味があったということである。

もう一つには、平安京の祭祀世界を包んでいる神社祭祀の上で重要な、桂川、賀茂川と宇治川《うじ》、それに加えて木津川《きづ》という大きな河川の合流地点の男山の地に、その石清水の名前のとおり磐座と泉水の聖地として祭られたということである。そうして、平安京を坤の裏鬼門から守護する神社として設営されたのである。

その後、平安時代中期に天皇と朝廷の特別の信仰を集める神社として、近畿地方の二十二社の制が定められるが、平安京鎮護の神社として石清水八幡宮もその二十二社に加えられた。その二十二社の制というのは、先述のように七~八世紀から神祇官を中心とする旧来の「律令祭祀制」のもとで重視されていた日本各地の延喜式内社にかわって、新たに九~一〇世紀からの「平安祭祀制」のもとで重視され選ばれてきた中央の有力神社のことであった。

八幡造の本殿　宇佐八幡宮や石清水八幡宮など、八幡造の大きな神社の本殿には、それなりの特徴がある。それは、次の二点である。①八幡三神（応神天皇・神功皇后・比売大神）を祭るため三棟の本殿が建てられている。②それぞれ本殿は切妻造・平入の三間社の流造で、身舎を二棟、前後に並べて接続したかたちで、側面からみると前後に二つの切妻が連なる形式となっている。前側の身舎は外院、後側の身舎は内院と呼ばれ神の専有空間が二棟ある形式で、それは神の昼間の御座と夜間の御座とであろうといわれている。前後二室になる本殿形式は、他にも前述の大阪の住吉大社が同様であり、古代の豪族の居館の間取りに倣《なら》ったもので、平安時代初期の九世紀以前に成立した古い本殿形式である。

その前後の身舎の間は相《あい》の間といい、その上部は屋根の谷下となっていて雨水を受ける雨樋が渡されている。石清水八幡宮の現在の金銅樋は黄金色に輝く立派なもので、全長二一・六メートル、内径五四センチメートルの巨大なものであるが、天正年間に織田信長が寄進したものといわれている。二十二社に指定された石清水八幡宮の場合は、本殿の巨大化もその特徴の一つであった。八幡三神を祭るための三棟の八幡造本殿を横方向に連結して棟を通したもので、横に長い一一間社となっている。また、参詣者の前にあらわれる正面の壮大な楼門は、高い石造りの基壇の上に建っており、本殿はその四周に回廊がめぐらされている中にある。その楼門は寛永一一（一六三四）年の徳川家光《いえみつ》の造営によるものであり、春日社の場合もそうであったが、大きな楼門も回廊も寺院建築の建造物であり、ここにも神仏習合の影響をみてとれる。

宇佐八幡宮の本殿

石清水八幡宮の楼門

五　祇園八坂神社の本殿

祇園社の創立の歴史は同時代記録が少ないこともあり不明の部分が多い。確実な史料的初見は、藤原忠平《ただひら》の『貞信公記』の延喜二〇（九二〇）年閏六月二三日条である。忠平が咳病《がいびょう》の治癒を祈願して幣帛と走馬とを祇園社に奉納したという記事である。後世の記録

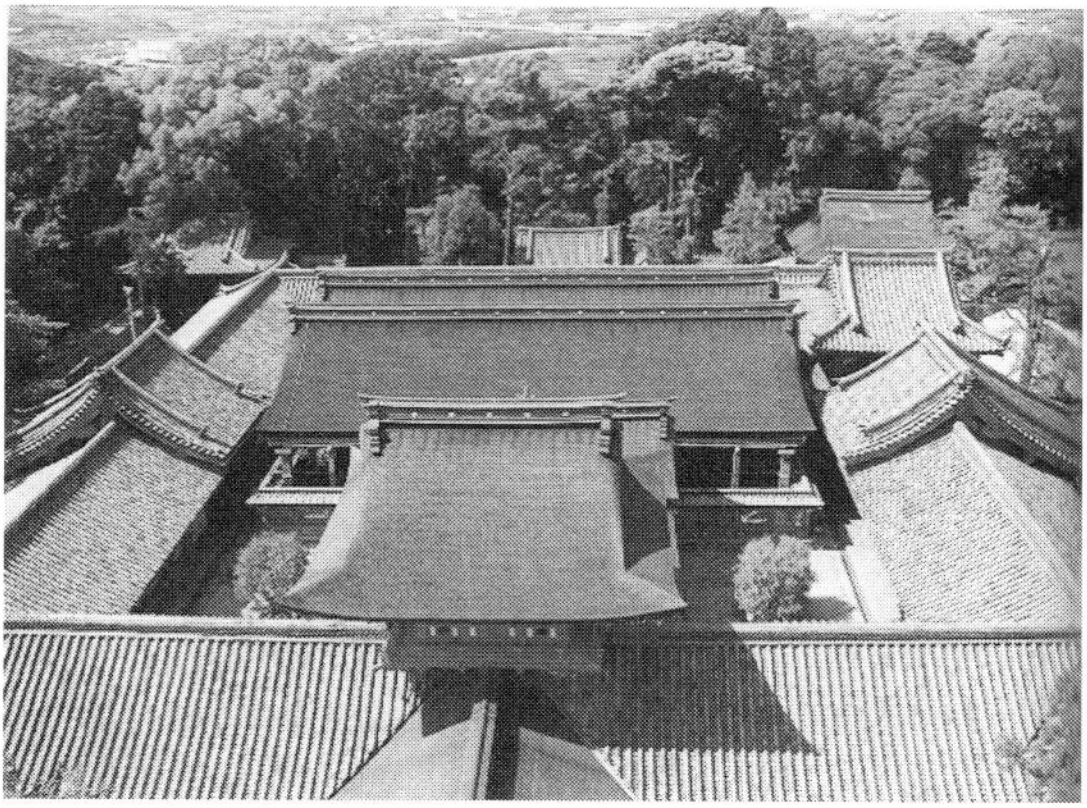

石清水八幡宮の本殿と回廊

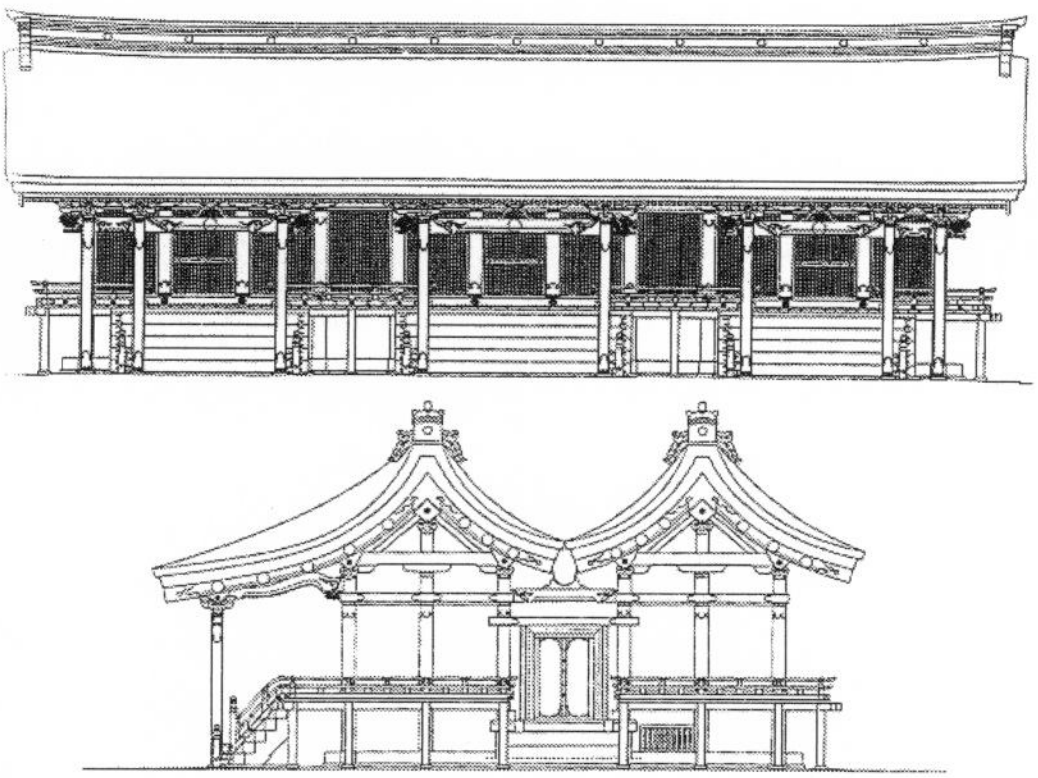

石清水八幡宮の本殿

だが、社伝の『祇園社本縁録』によれば、貞観一一（八六九）年天下に大疫が流行したため、卜部日良麻呂《うらべのひらまろ》という人物が六六本の矛《ほこ》を立て並べて、洛中の男児や郊外の百姓を率いて神泉苑《しんせんえん》まで神輿《しんよ》を担いで行進して祭ったのが祇園御霊会《ぎおんごりょうえ》の最初だという。また、祇園社の創建については、鎌倉末成立の社伝の『社家条々記録』によれば、同じ貞観一八（八七六）年に南都興福寺の円如《えんにょ》上人が建立したのがその始めだという。

祭神の変化　祭神については、『日本紀略』の延長四（九二六）年の記事では、祇園天神堂とあり、藤原通憲《みちのり》（一一〇六～五九）の『本朝世紀』の天慶五（九四二）年の記事では祇園感《かん》神院《しんいん》とある。『扶桑略記』（一〇九四～一一〇七頃成立）の延久二（一〇七〇）年の祇園感神院の火災の記事にも祇園天神とあり、一〇月一四日の火災のとき天神の御体はぶじ取り出すことができたという。しかし、その延久二年の火災についての『本朝世紀』の記事では祭神は牛頭天王《ごずてんのう》と記されている。そして、院政期の『色葉字類抄《いろはじるいしょう》』（一一四四～六五頃に補訂）では、祇園社の祭神は牛頭天王であり、またの名は武塔《むとう》天神だと記されている。

この祇園天神という呼称は北野《きたの》天神にも共通するもので、天にいます偉大な神とか威力ある雷神のたぐいになぞらえられるような名前であり、その神格はあまり明確でない。それに対して牛頭天王というのははっきりしている。平安時代末期の一二世紀後半の「辟邪《へきじゃ》

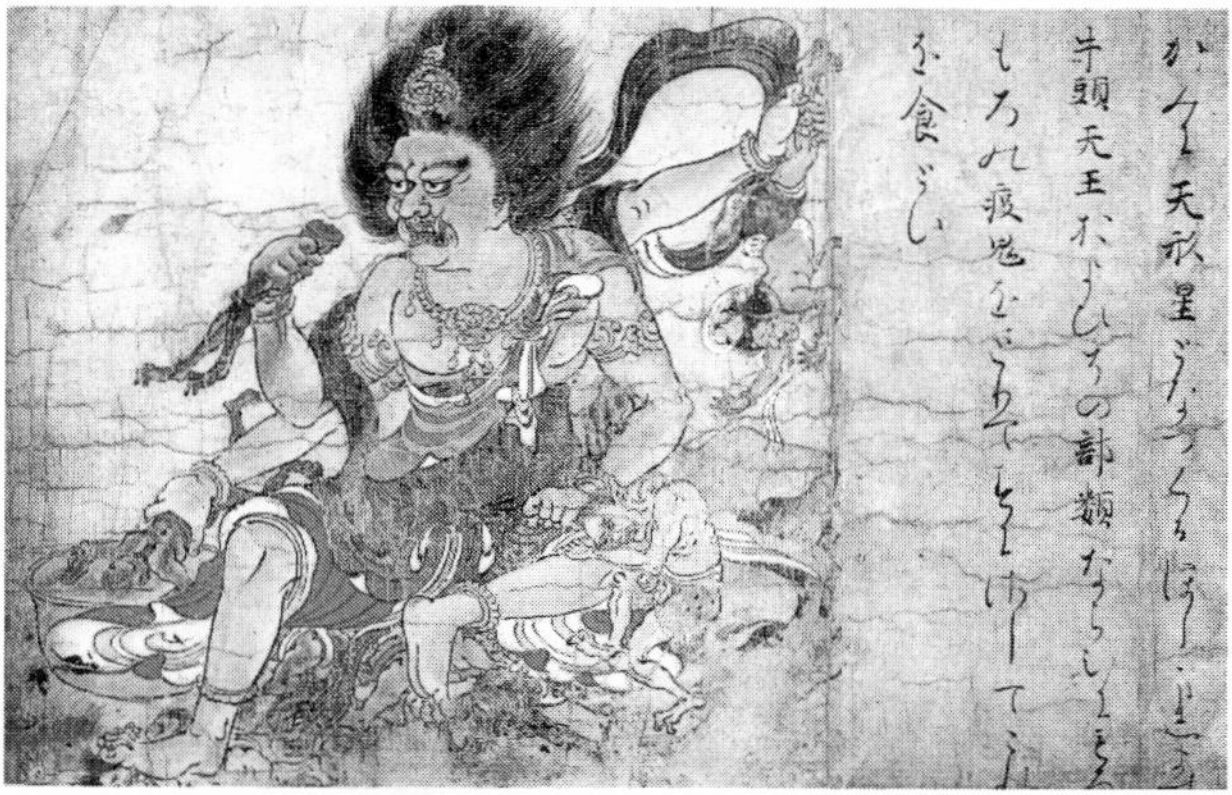

「辟邪絵」に描かれた善神の天刑星とそれに喰われる牛頭天王

絵《え》」に登場しているのが牛頭天王であり、そこでは、疫鬼を懲らしめ退散させ退治する善神である天刑星によって喰われてしまう疫鬼の代表が牛頭天王であった。それがやがて逆転して、どんな恐ろしい疫鬼や疫神であってもその彼らを知り尽くしている神として、それを圧倒し退治する力をもつ神として信仰されていったのである。

つまり、祇園社の祭神は時代により変化があったのであり、まとめてみると、①平安時代の延長四（九二六）年頃から延久二（一〇七〇）年頃までは祇園天神であったが、延久二年頃からは牛頭天王へと変わった、②一一四四～六五年頃には牛頭天王はまたの名を武塔天神といった、③『梁塵秘抄』の一一八〇年頃には大梵天《だいぼんてん》王《おう》とも考えられていた、④鎌倉時代後期の

『釈日本紀《しゃくにほんぎ》』の一二七〇〜八〇年頃になると武塔天神が素戔嗚尊《すさのおのみこと》であるとみなされるようになっていた、ということである。

祇園社と入母屋造　祇園社は、祇園天神とか祇園感神院と呼ばれ、その祭神は強力な霊威力をもつ牛頭天王として悪霊や疫癘を攘却し疫病を退散させるという、神仏習合の進んだ典型的な神社である。したがって、そのような神社についての考え方は本殿建築の上にも現れている。古くから伝統的であったのは、神社建築は切妻式、仏教建築は寄棟《よせむね》式であった。だから屋根のかたちをみれば誰にでもその建物が神社なのか、寺院なのか、切妻式か寄棟式かで、すぐにわかったのである。

そこに新しくあらわれてきたのが、切妻造の妻を切り落とした両側に屋根が付けられる入母屋《いりもや》造の建築様式である。その代表的な本殿建築の例が祇園八坂神社の本殿である。日本で最大規模の神社建築であり、正面七間、側面六間の入母屋造で、正面に階段の雨除けのための三間の向拝をつけ、さらに側面と背面に下屋をつけている。最大規模の神社建築となっているのは、拝殿に相当する部分も含んでいるからである。神の専有空間である小宝殿と、礼拝のための人の座である礼堂とを前後に並べる新しい形式であり、それは密教本堂の形式に共通するところがある。密教本堂は、本尊を安置する正堂と、その前方にある礼拝のための礼堂とを一棟にして一体化させているのが特徴である。そこから祇園八坂神社の本殿を密教本堂と同じだという見方も出てくるであろうが、三浦正幸氏は、それはあきらかにちがうという。

平安時代後期の有力神社の場合には、本殿・拝殿・舞殿という三棟の社殿を一直線に並べるのが当時の流行であり、安芸の厳島神社も同じ配置で社殿が並んでおり、備中《びっちゅう》国の吉備津《きびつ》神社でも同じく本殿と拝殿を一体化した巨大な比翼入母屋造の本殿の前方に舞殿を建てている。現在ではその舞殿を拝殿と呼んでいるが、拝殿は本殿の内部にあり、現在、拝殿と呼んでいるのはもともと舞殿であった。

祇園八坂神社の正面が七間、下屋を含めれば九間という本殿の巨大さには神社離れした印象をもつかもしれないが、本殿中央の神座の小宝殿は三間の空間であり、それは古式を伝える伊勢神宮、賀茂別雷神社、宇佐八幡宮なども同じである。また、その神座（小宝殿と内々陣）の四方を取り巻いて庇（内陣・中内陣）が廻る四面庇の平面は、他の神社でも北野天満宮、吉備津神社、厳島神社、気比《けひ》神宮、気多《けた》大社などがもつ特色であるという。したがって、祇園八坂神社の本殿は密教本堂の形式によく似ているが、実は平安時代後期に成立した特別に有力な神社の本殿の特徴をよく示す、むしろその代表的な神社本殿だと三浦正幸氏はいうのである。

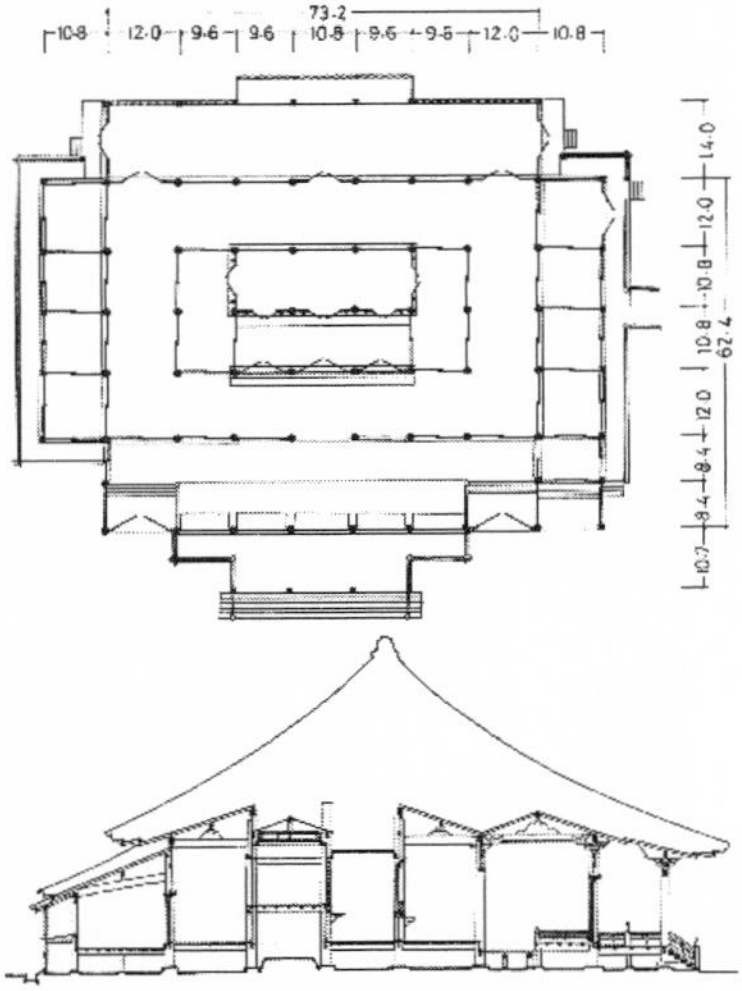

祇園八坂神社本殿

祇園八坂神社本殿　舞殿

以上、ここまで日本の神社の建築のさまざまな様式についてみてきたが、そこで結局は、それらは歴史的な発展段階のものとして系統づけられるものなのか、そうではなくて、それぞれさまざまな理由があって造られてきたものなのか、という疑問があるとすれば、その答えはかんたんである。日本の神社というのは、さまざまな背景からそれぞれの社殿が造営されてきたのであり、単系的な発展や展開を示すものではない。もともと非住居型の伊勢神宮と住居型の出雲大社は明らかに別の系統であった。住吉大社や上賀茂神社と下鴨神社や石清水八幡宮はいずれも住居型としては共通するが、ただしそれらは歴史的な前後関係という系統的なちがいではなく、それぞれの固有の背景から造形されてきたものである。非住居型の春日社本殿も伊勢神宮の系統としての発展段階の造形ではない。祇園八坂神社の入母屋造の神社離れした巨大な本殿の場合も、住居型と非住居型その両方の特徴をもちながらも独自の造形となっているのである。神社建築自身がその多様性の中に独自の歴史を刻んできていることを示しているのである。

第七章　山の世界と熊野三山

――大斎原・神倉山・那智滝

不思議な社　日本の各地の神社の中で、なかなかその正体を見定めることが困難な不思議な神社、それが熊野三山の神社である。古代からの長い歴史をもち、しかも強力な霊験力のある神仏としての独特の世界を形作ってきているのがその熊野の信仰である。その熊野信仰の構造について読み解く上で重要なのは、その基盤に、柳田國男が『遠野物語』（一九一〇）で発見し「山人考《やまびとこう》」（一九一七）や「山人外伝資料」（一九一三、一九一七）などで精力的にその情報を収集した、日本列島の先住民の子孫として山に棲み続けてきた山人たちの生業と信仰とがあるという点である。

熊野は奥深い山中の世界である。里から追われて山に棲みついた山人たちの生業と信仰とが、平城京の人びとにとってたとえば葛城山《かつらぎさん》の役行者、役小角《えんのおづぬ》のような修験の霊験の信仰を磨き上げ、里人たちを戦慄せしめたのである。平城京の王権とその世界の者たちにとって、役小角は恐るべき山人であり異人であった。その使役する前鬼《ぜんき》と後鬼《ごき》は、現在でも吉野の山中の地名として残り伝えられているように、日本の鬼の原像は、里人が山に追いやったその山人たち、異人たちへの差別と恐怖と畏怖と瞻仰《せんぎょう》の対象として形象化された存在なのである。

そのような基盤的な山岳修験の信仰の上に、まずは、記紀神話が語るような古代の大和王権の天孫神話に関連する信仰が重なり、さらにその上に、神仏習合の進んだ神祇信仰と仏教教義の混淆した有力な信仰体系が形成され、そのような重層的な信仰体系が長い歴史の伝承と変遷の運動の中で、今日にまで練り上げられながら伝えられてきているのである。したがって、それは日本の宗教のありかたの一典型例であり、神祇信仰と仏教信仰と山岳信仰の混淆体としての特徴をもっているのである。

　熊野地方が古くから大和王権にとって関心がある地域であったと推定されるのは、記紀神話にその地が登場するからである。

記紀神話と熊野　一つは、『古事記』では伊邪那美神《いざなみのかみ》が神避《かむさ》りしとき出雲国と伯伎《ほうき》国の堺の比婆山《ひばやま》に葬ったというが、『日本書紀』では伊弉冉命《いざなみのみこと》は紀伊国の熊野の有馬《ありま》村に葬ったといい、土俗によればこの神の魂を祭るには、花の時には花をもって祭り、鼓吹幡旗をもって歌い舞い祭るとある。もう一つは、神武東征伝承にみえる熊野の高倉下《たかくらじ》と八咫烏《やたがらす》の伝承である。天照大神や高木神《たかきのかみ》の命令により、武甕槌神《たけみかづちのかみ》が葦原中国《あしはらのなかつくに》を平定したときの横刀《たち》を、熊野の高倉下を介して神武に与えて、熊野の山の荒ぶる神々を皆切り仆《たお》して難局を乗り越えたという。その横刀を『古事記』では佐士布都神《さじふつのかみ》、甕布都神《みかふつのかみ》、また布都御魂《ふつのみたま》といい、いま石上神宮に坐すという。『日本書紀』ではその横刀を韴霊と書いている。そして、神武の軍勢を熊野の奥深い山中から大和高原の宇陀《うだ》の地へと先導したのが八咫烏

（記）、頭八咫烏（紀）であったという。また、『日本書紀』では、神武が熊野の神邑《みわのむら》に着いたとき天の磐盾《いわたて》に登ったとある。神話伝承ではあるが、その天の磐盾を現在の熊野速玉神社の摂社・神倉神社の巨大な磐座と考えることもイメージとしては否定しがたいところではあろう。

熊野牟須美神・熊野速玉神　熊野の神社として記録にみえる早い例は、平安初期の延暦年間ころの社寺の封戸に関する法制書類を整理した「新抄格勅符抄」に、奈良時代の天平神護二（七六六）年、熊野牟須美神《くまのむすひのかみ》に四戸、熊野速玉神に四戸を充て奉るとある記事である。そして、平安中期の「延喜式神名帳」には、紀伊国牟婁《むろ》郡の六座の内に、名神大と分類された熊野坐神社《くまのにます》、大と分類された熊野速玉神社の二社があげられている。この熊野牟須美神、熊野坐神社がいま熊野の本宮《ほんぐう》と呼ばれている神社で、熊野速玉神、熊野速玉神社が熊野の新宮《しんぐう》と呼ばれている神社であり、この両社はともに奈良時代からの古い由緒を伝えている。そして、これに平安中期からは、那智山《なちさん》の壮麗な那智大滝を神体として飛滝権現《ひろうごんげん》と崇拝される熊野那智大社を加えて、熊野三山、熊野三所と呼ばれ「日本第一大霊験」として信仰を集めてきている。

熊野権現　熊野三山は熊野権現ともいい、この権現という呼称は、神仏習合の本地垂迹説によるもので、日本の神々はその本地は仏であり、その垂迹が神であるという考えによる。権現とは、仮に神として仏が現れた姿だという意味である。

たとえば、熊野本宮の神は家津御子《けつみこ》大神であるが、その本地は阿弥陀如来であり、熊野速玉の神は速玉大神であるが、その本地は薬師如来だと説かれてきている。この熊野権現の信仰に大きく関係していたと考えられるのが、吉野の大峰山《おおみねさん》や金峯山《きんぶせん》の山岳信仰と修験道の信仰であり、霊験豊かなその呪験力が説かれて広く信仰を集めていった。熊野権現の本地仏とその垂迹神の関係についての記録の早い例は、『為房卿記』の永保元（一〇八一）年一〇月五日条の「三所権現」の記事や、「内侍藤原氏施入状案」の応徳三（一〇八六）年一一月一三日「抑伝承、熊野権現弥陀観音垂迹、以慈悲利益法界衆生」（『熊野那智大社文書』5）という文などである。

熊野詣　この熊野権現への信仰が盛んになったのはとくに平安時代後期からで、平安京からはるか離れたこの熊野の地にはるばると参詣する、法皇、上皇、女院の御幸が行なわれるようになり、貴族たちも盛んにこの熊野詣を行なうようになった。最初の熊野御幸は延喜七（九〇七）年の宇多《うだ》法皇のそれだといい、その約八〇年後が花山院《かざんいん》であったという。

その後、院政期になると急激に熊野詣は盛んとなり、白河院は九回（一〇九〇～一一二八）、鳥羽院は二一回（一一二五～五三）、後白河院は三四回（一一六〇～九〇）、後鳥羽院は二八回（一一九八～一二二一）も参詣している。

その理由の一つとして考えられるのは、現世で権力と栄華を極めた彼らも、来世への不安はそれだけ逆に強く、熊野三山を中心に熊野五所王子から十二所権現まであらゆる救済に応えられるとされた本地仏と権現神に、現世と来世の安穏そして極楽往生を祈願したからであろうと考えられる。天皇の身であれば、皇祖神天照大神に奉仕する皇祖孫であり自らは神聖な現人神《あらひとがみ》であり、個人的な祈願は不可であった。しかし、譲位して院となった身であれば自由であった。そして、参詣旅行としての観光や娯楽の意味ももちろん大きかったと考えられる。

藤原宗忠《むねただ》の日記、『中右記《ちゅうゆうき》』には天仁二（一一〇九）年一〇月一八日条から一一月一〇日条に彼が熊野詣を行なったときの興味深い記事がみえる。はじめは二〇歳のとき熊野参詣を思い立ったが、身辺の死の忌み穢れなどでその後二回とも成就できず、いま二八年後の三回目、やっと四八歳にして願いが叶ったという喜びを記している。行路の難行苦行で生死の険路を渉《わた》り、幽嶺《ゆうれい》を登り深谷《しんこく》に臨み、巌畔《がんばん》を踏み海浜《かいひん》を過ぎたことなどを記しながら、ようやく辿り着いた熊野社の神前では、感激のあまり落涙抑えきれず随喜感悦《ずいきかんえつ》にひたり菩薩の彼岸へと到達したと記している。

ただ、そんな彼も一〇月二〇日条では、日高《ひだか》川の大水に行路を妨げられながらも、塩屋王子社に奉幣し、鵤《いかるが》王子に奉幣し、切部王子の水辺で祓えをして奉幣し、日没前に下人の小屋に宿をとることができたと安堵しながら、「今日或行海浜、或歴野径、眺望無極、遊興多端也、行程百四十町許」と記しており、紀州海岸の美しい景色に魅了されていたことがわかる。

熊野三山　では、その熊野三山、熊野権現の神々とはどのような神々であったのか。前述のように、「新抄格勅符抄」の天平神護二（七六六）年の記事には、熊野牟須美神と熊野速玉神の二神が記されており、延長五（九二七）年成立で康保四（九六七）年施行の「延喜式神名帳」には、熊野坐神社と熊野速玉神社の二社があげられている。そこで、この熊野牟須美神と熊野坐神社が同じで熊野の本宮であり、熊野速玉神と熊野速玉神社が同じで熊野の新宮であるといってよいのであるが、まだそこには熊野那智大社が記されていないことが留意される。

そこで、いまみた『中右記』の参詣記事をもう一度みてみる。すると、一〇月二六日午前に熊野本宮に参詣して、まず証誠殿《しょうせいでん》に参り、次に両所権現に参り、次いで若宮王子に参ったとある。そしてその後に五所王子に奉幣したとある。そうして、一万眷属《けんぞく》十万金剛童子勧請十五所飛行夜叉米持金剛童子総社に参り、礼殿において経供養をしたと記している。その日の夕刻には新宮に参詣して、同じく新宮でも証誠殿に参り、両所権現に参り、若宮王子に参り奉幣して、礼殿での経供養をしてから、亥の刻つまり夜一〇時頃に宿坊に帰ったと記している。

翌二七日には寅の刻、午前四時頃に宿所を出て海岸を進み、補陀落《ふだらく》の浜辺の白砂に感動しながら浜宮王子に参詣し市野王子社に奉幣して、那智の発心門《ほっしんもん》の鳥居をくぐり夜になって宿舎に着いている。休憩ののち亥の刻、夜一〇時頃まず証誠殿に奉幣し、次に両所権現の御前に奉幣し、次いで若宮王子幷びに諸眷属の御前に奉幣し、次いで礼殿に参って経供養をしたが、この堂は如意輪観音の験所だということで暫く熱心に礼拝を行なったという。そして、翌二八日には、朝早く那智の滝殿に参り奉幣したが、この日は馬に乗って参拝したという。つまり、この当時からすでに熊野三山では、本宮でも速玉社でも那智社でもすべて同じく、証誠殿、両所権現、若宮王子という三神が祭られていたことがわかり、そのうち那智の滝はやや観光的な意識があったことがわかる。

その熊野の神々についての当時の信仰の様子を記しているのが、鳥羽上皇と待賢門院璋子の熊野参詣に同行した源師時《みなもとのもろとき》の日記『長秋記《ちょうしゅうき》』の長承三（一一三四）年二月一日条の記事である。それによれば、以下のとおりであった。

熊野三所とは、丞相《じょうしょう》（家津王子：阿弥陀）、両所（西宮・結宮：千手観音）、中宮（速玉明神：薬師如来）の三所。熊野五所王子とは、若宮（十一面観音）、禅師宮（地蔵菩薩）、聖宮（龍樹菩薩）、児宮（如意輪観音）、子守（正観音）の五所王子。熊野四所明神としては、一万（普賢）十万（文殊）、勧請十五所（釈迦）、飛行夜叉（不動尊）、米持金剛童子（毘沙門）の四所明神。以上に加えて、熊野修験長床衆の道場である礼殿守護金剛童子があげられている。

つまり、これら『中右記』や『長秋記』によれば、一一世紀の院政期には、熊野本宮社、新宮速玉社、那智社の三ヵ所で、これら熊野三所権現、熊野五所王子、四所明神、礼殿のいずれもがほぼ同じく祭られており、参詣されるようになっていたことがわかる。現在では熊野三山、熊野三所といえば、本宮、新宮、那智の三山、三所のことと一般的には理解されているが、もともとは、熊野三所とは、本宮だけの祈願対象としての三所という意味であり、証誠殿の家津御子（阿弥陀）と、西宮と結宮の両所（千手観音）と、中宮の速玉明神（薬師如来）の三所であったことがわかる。それが、のちに流用されて意味がかわり、具体的にわかりやすいかたちで、本宮、新宮、那智の三所となって、現在に至っているということである。

熊野信仰　日本の神祇信仰と、仏菩薩の権現信仰と、山岳修験の信仰と、この三者が融合した熊野三山の信仰は、現世も来世も含めて強力な利益《りやく》をもたらす霊験豊かな信仰として、貴族や武家はもちろん日本各地の庶民も含めた広い階層にまで広まっていった。中世の九条兼実《くじょうかねざね》の日記『玉葉《ぎょくよう》』には「人まねのくまのまうで」、近世の『太閤記《たいこうき》』や『和訓栞《わくんのしおり》』では「蟻《あり》の熊野詣」などと書かれている。実際に熊野まで参詣できない人たちにも熊野山伏や熊野御師がその信仰を各地に広め、また熊野比丘尼《びくに》が熊野参詣曼荼羅の絵解きをしながら来世の往生を説いていった。

熊野三山の立地　ここであらためて、熊野三山の立地についてみてみる。すると、吉野の山中から流れ来る大河の熊野川中流の川の中洲の河原に祭られてきた本宮大社、下流の河口近くで神倉神社の巨岩のゴトビキ岩の磐座祭祀をともなう新宮速玉社、はるか熊野灘からも遠望できる那智山の大瀑布《ばくふ》の飛滝神社をともなう那智社、という三社がセットになっていることが注目される。

熊野三山とは、高峻な山岳を水源とする大河の中洲の河原、巨岩の磐座、海上からも遠望されるほどの断崖落差一三三メートルの大瀑布、という自然の威力をあらわすような立地で設営されてきた信仰の装置であり、それに日本古代の神祇信仰と仏教信仰と山岳修験の信仰とが融合したまさに「日本第一大霊験」としての歴史を積み重ねてきている神社なのである。

なお、大斎原《おおゆのはら》の本宮大社の社殿は、明治二二（一八八九）年の大洪水でほとんどが被災してしまい、明治二四（一八九一）年にこの旧社地から西方の台地に新しく造営されたのが現在の熊野本宮の社殿である。

山の民と修験と　それにしても熊野三山と熊野信仰というのは不思議な神々であり、信仰である。その背景に何があるのか、ここで柳田國男の山人論を参考にしてみよう。

柳田は、まず『遠野物語』で、つまり平地民、常民とはその系譜の異なる山地民の存在とその歴史に注目している。そして、「山人考」や「山人外伝資料」などで、日本列島の先住民の子孫である山人、山の民と平地民との交流の歴史に注目している。古代では国栖《くず》奏《そう》や隼人舞《はやとまい》など朝廷に服属した歴史を儀礼的に演じる芸能にも注目した。そして、山人の存在とその伝承をめぐって中世の鬼の話に注目して、中世には鬼には陰陽道《おんみょうどう》の鬼、あるいは酒呑童子《しゅてんどうじ》のように退治される鬼など三つがあるが、その一つ、自ら鬼の子孫などと名乗る者たちが諸国にいるということを指摘している。

それが、たとえば大和吉野の大峰山下の五鬼《ごき》などである。その五鬼の家筋の者は、山上参りの先達《せんだつ》職を世襲して本山修験の聖護院《しょうごいん》の法親王《ほっしんのう》の登山に際して案内役をつとめていたなど、修験道の始祖に連なる家筋であったという伝承に注目していた。中世の修験道には、その聖護院を本寺とする本山派《ほんざんは》と、醍醐寺三宝院《だいごじさんぼういん》を本寺とする当山派《とうざんは》とがあり、両派の対立と研鑽の中でそれぞれの活発な活動が続けられていた。

その本山派は、熊野本宮、熊野新宮、熊野那智の熊野三山を拠点とする天台宗系の修験であり、寛治四（一〇九〇）年に白河上皇が熊野詣を行なった際にその先達をつとめて熊野三山検校《けんぎょう》に任ぜられたのが園城寺《おんじょうじ》の増誉《ぞうよ》であったという由緒を伝えている。鎌倉時代になると、その増誉ゆかりの聖護院の門跡であった覚助《かくじょ》法親王が、園城寺長吏《ちょうり》と熊野三山検校を兼任して、天台宗系の熊野三山・吉野大峰山の修験者を統率していった。

その一方、当山派は、吉野の金峯山、大峰山を拠点とする山岳修験者たちの一派で、真言宗の聖宝《しょうぼう》（八三二〜九〇九）を開祖とする醍醐寺の三宝院を本寺とし、吉野大峰山中の小篠《おざさ》、現在の奈良県天川《てんかわ》村洞川《どろがわ》の地を拠点に結衆して、全国各地に展開していた。そのような修験道の始祖とされるのが、飛鳥時代の山岳修験者の役行者（役小角）であるが、柳田國男はその侍者であった前鬼と後鬼にちなむ家筋や地名が吉野山中には多く残っていることなどを指摘して、そのような山岳修験の歴史の根本に、里人たちからは鬼と呼ばれた山人たちの存在があったと指摘している。そして、その山人たちのもっていた異様な身体

熊野本宮大社旧社地　大斎原

大斎原の旧社地　古絵図

大斎原の旧社地の現在

現在の熊野本宮大社

熊野新宮速玉大社摂社の神倉神社の巨大磐座

熊野新宮速玉大社

那智の滝

熊野那智大社

的な力、宗教的な験力への信仰がもともとあったのであろうと指摘している。

近世初頭の大殺戮　山の民に連なる修験者や平地民の出自ながら山岳修験の験力を磨いていった修験者たちの混成とその活躍が修験道を隆盛に導いたのであったが、それらとはまた別に、日本各地には長い歴史の中で維持されてきていた山の領域とそこに暮らしてきていた山人たちの生活と生存という事実があった。柳田はそのような具体的な山人の歴史を文献史料の中にも発見してその位置づけを行なっている。一六〇〇年代初頭の幕藩体制が

那智の火祭

成立する時期の日本各地で行なわれた大量の山民たちの殺戮の歴史についてである。

近世幕藩勢力の覇権の確立の中で、一斉掃討の対象とされたのが、彼ら山人たちであった。慶長一九（一六一四）年一二月の紀伊国から大和国にまたがる北山《きたやま》地方で起こった「北山一揆」をはじめ、元和五（一六一九）年の肥後《ひご》国から日向《ひゅうが》国にまたがる椎葉山一揆、

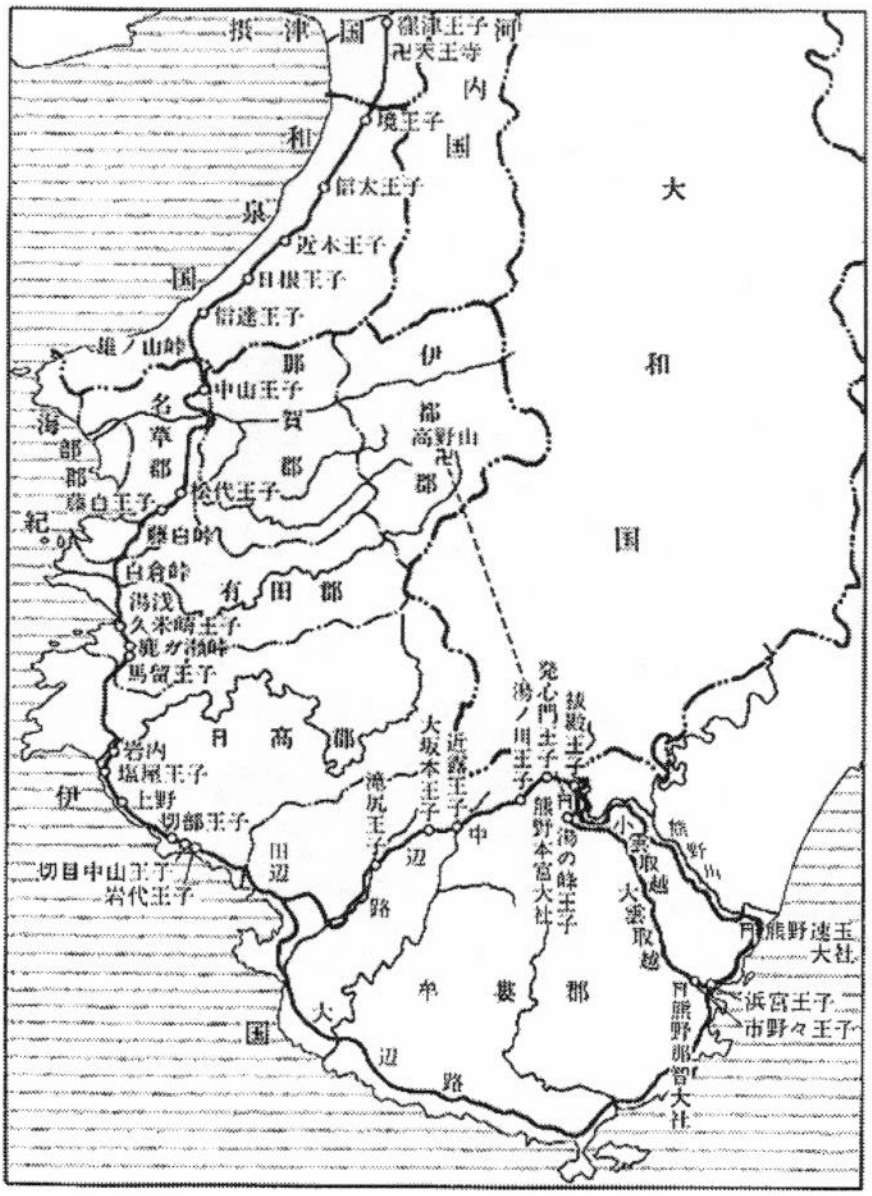

熊野参詣路

元和六（一六二〇）年の四国の祖谷山《いややま》一揆など、文献記録が存在する例もある。『大日本史料』第一二編16に収める「紀伊石垣文書」によれば、北山一揆の武装した山人たちが、一二月一一日に紀州新宮に大勢押し寄せてきた、そして卯《う》の刻、つまり朝六時ころから合戦に及んだ、そのとき大峰山の前鬼で一揆の大将の左衛門太夫という者を組み伏せて首を取った人物に向けて、その手柄を確かに報告しておくと記されている。こうした記録類や熊野の歴史からみると、熊野信仰の基盤には、やはり柳田が想定した山の民の存在とその平地民との交流の歴史のなかで磨かれていった、山岳修験の根強い長い伝統があったものと考えられるのである。

第八章　厳島神社とその歴史

――乱世と災害を乗り越えてきた神社

日本の神社の歴史はその創建以来の維持継承の努力の積み重ねの歴史である。しかし、古代の創建から現代までその繁栄を続けている神社はほとんどない。伊勢神宮も、その仏教忌避の伝統をもちながらも神仏習合の時代の波の中では、天照大神が第六天魔王と契約して仏教を近づけないこととしたという神話を創出したり、現実的には蒙古襲来に際して異国降伏への祈禱が密教僧の派遣によって行なわれたり、また、西大寺の叡尊《えいそん》（一二〇一～九〇）がその教団を率いて参宮し異国降伏の祈禱を行ない、それをきっかけに内宮のそばに弘正寺《こうしょうじ》を建立してその法流の拠点としたという歴史を刻んでいる。

戦国乱世においては内宮の門前町の宇治と外宮の門前町の山田の激しい対立が続き、文明一八（一四八六）年には、その合戦で外宮の正殿が焼失するという事態にまでなってしまい、それを嘆いた内宮の禰宜荒木田氏経《ねぎあらきだうじつね》は自ら食を断ち死亡している。そして、寛正三（一四六二）年の内宮の第四〇回式年遷宮のあと天正一三（一五八五）年の両宮遷宮まで戦国時代の一二〇年間は、正遷宮が途絶えてしまったこともあったのである。

出雲大社の場合も、第三章でのべたように、鎌倉時代の宝治二（一二四八）年に造営された巨大な三本柱を束ねた宇豆柱や心御柱の豪壮な社殿が、文永七（一二七〇）年に焼失してしまって以降は、莫大な経費を賄うことが困難な時代となり、仮殿への遷宮を重ねることとなっていたのであった。そうした中で、戦国大名の尼子氏が支援した時には境内に三重塔や経蔵など仏教施設が建立されるなどした時代もあり、豊臣秀頼の支援による慶長一四（一六〇九）年の造営では権現造の影響による組物が加えられたり内部には豪華な障壁画が描かれたりしていたこともあった。それが現在の高さ八丈（約二四メートル）の古式の大社造の社殿へとなったのは、徳川幕府から銀二〇〇〇貫の寄付を受けた寛文七（一六六七）年の正殿式遷宮からであった。

中央の平安京で栄華を誇った寺院や神社も、応仁・文明の乱（一四六七〜）ではその多くが焼失して灰燼《かいじん》に帰してしまい、その後の復興によって現在につながる姿にもどったものもあれば、二度と再建されなかった寺院や神社もあったのである。

そのような栄枯盛衰のはげしい神社の歴史のなかで、幾度もの戦乱や事故や自然災害の中にありながらも、創建以来ほとんど衰亡の状態に陥ることなく、継承維持されてきている神社の代表が、安芸の宮島、厳島神社である。平安時代末期の平清盛《たいらのきよもり》による再建と整備から後については、その変遷を具体的に詳しく追跡することのできるという意味において貴重な例であり、また、一般の神社の伝承と変遷の歴史を考える上での一典型例といってよい事例である。そこで、日本の神社の歴史のプロセスを一つのモデルケースとして、この厳島神社について、一つの章を立てて少し詳しくみていくことにする。ではまず、その歴史をたどってみることにしよう。

一　厳島神社の本殿

厳島神社は瀬戸内海に浮かぶ宮島の波静かな入り江の海上に鎮座しており、その島全体が聖なる神の島とされている。現在の社殿は、仁安二（一一六七）年に平清盛によって建てられた優美で壮大な海上の社殿群からなっている。その後、鎌倉時代の建永二（一二〇七）年と貞応二（一二二三）年の二度にわたる焼失の後、仁治二（一二四一）年に当初の社殿のままに再建され、その後は造替や改廃や新設が加えられながらも、平清盛の時代の造形がそのまま現在まで忠実に再現されてきている。

本殿の特徴は、前方だけでなく後方にも庇を長く伸ばした両流造《りょうながれづくり》である点と、正面が九間社と非常に巨大な建物であるという点である。そして、本殿の内部が開放的であり、正面に格子戸が立てられているだけで、御簾《みす》と布製の垂れ幕の壁代とが祭祀者の視線をさえぎっているだけである点も大きな特徴である。神社本殿はふつうには神の専有空間であり、厚い板壁と扉で閉ざされた暗闇の空間で、外からの視線は遮蔽されている。ところが、この厳島神社の本殿は空間的にまったく開放的なのである。

この九間社という巨大な本殿であることと、開放的な本殿であること、という二つの特徴にはその理由がある。第一は、本殿の内陣に六基の大きな玉殿を安置しているからであ

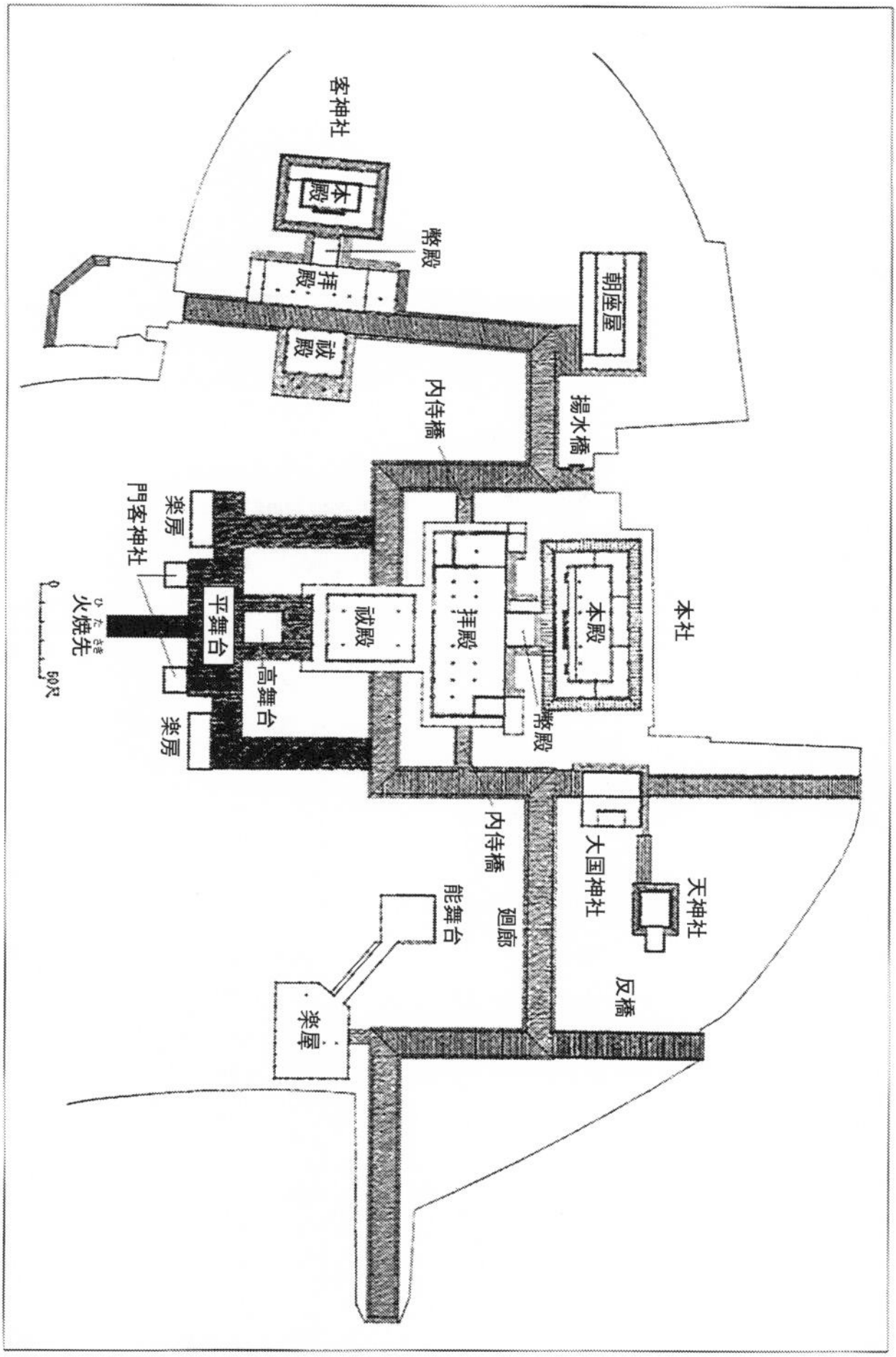

厳島神社の寝殿造を模した社殿配置

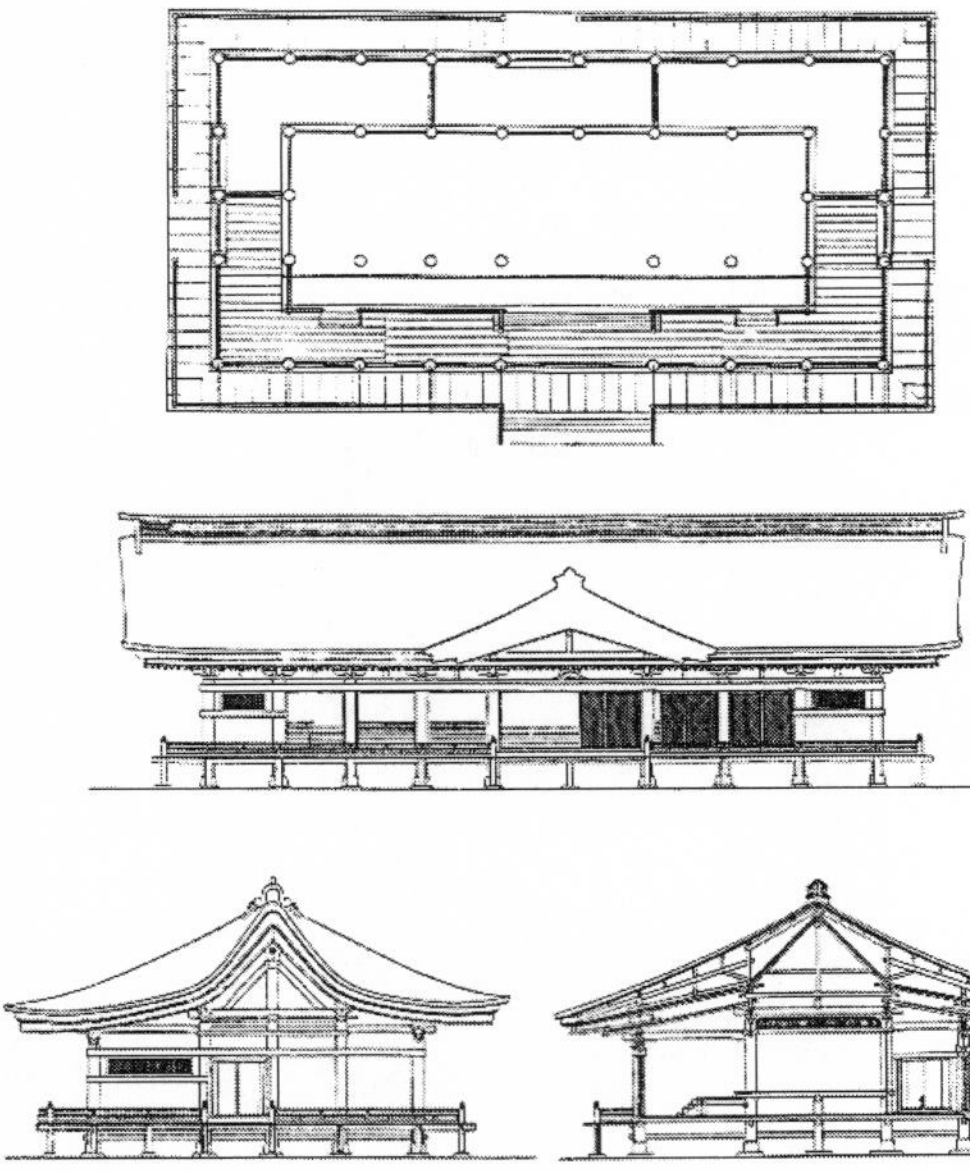

厳島神社本殿

る。そのために大きく、かつ開放的な本殿となっているのである。

現在は六基の玉殿だが、左端に空いた空間には明治の神仏分離までは弁財天像が安置されており、七間社の内陣であった。その弁財天像は現在は神社の回廊の出口にある大《だい》願《がん》寺《じ》に移されている。三浦正幸氏によれば、これら六基の玉殿は、かつて陸上に鎮座していた時代に祭られていた、それぞれの本殿の流れと考えられるという。それが、平清盛によって平安京の寝殿造《しんでんづくり》をもとにした壮麗な海上社殿が創建されることにより、新たな本殿の内部にそれら六基の本殿を安置したことによって巨大な本殿へとなった。

つまり、現在のような壮麗な海上社殿は、大輪田泊《おおわだのとまり》の港湾の大改修や音戸瀬戸《おんどのせと》の開削など、陸上だけでなく海上の港湾整備という大土木工事を実現させた平清盛の政権の技術力をもって、入り江の土砂を大量に除去した上で、硬い岩盤が水中に現れた海上にすべての柱を立てて、寝殿造を模した壮大な社殿を建築したものに他ならない。厳島神社の海上社殿は決して砂上の楼閣ではなく、硬い岩盤の上に

海上の岩盤上に創建された厳島神社

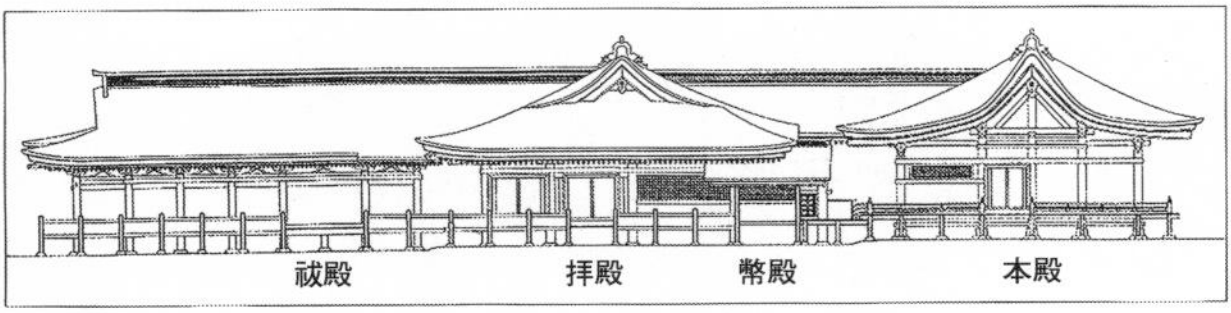

厳島神社本社の側面図（原図―『日本建築史基礎資料集成』社殿Ⅱ）

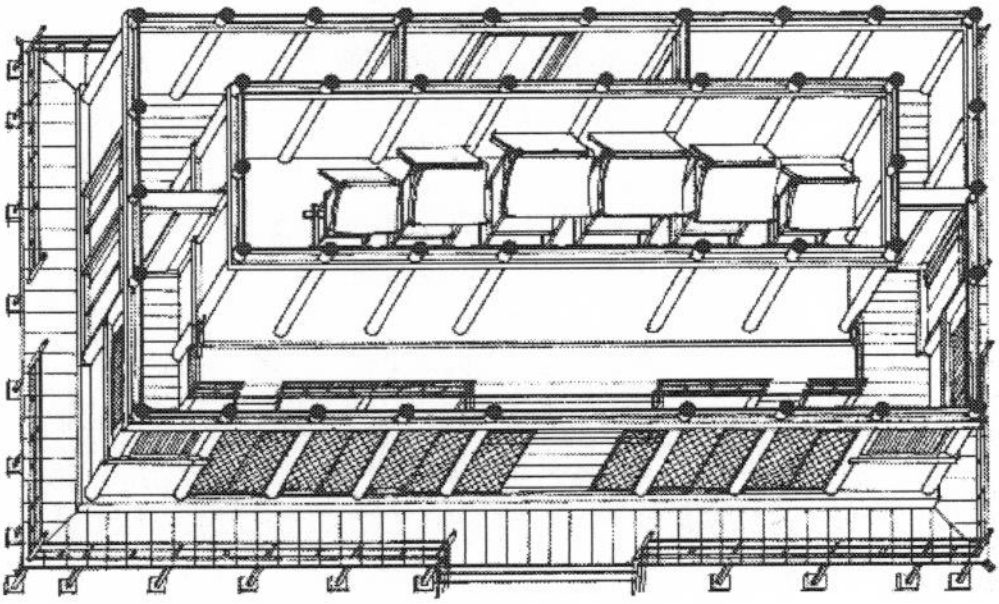

厳島神社本殿内部の見取り図

写真奥に厳島神社本殿

建てられた強固な建築物なのである。いまでも積もっている大量の土砂を除去すれば、美しく輝く雲母《うんも》や石英などを含む岩盤が水中に現れ、壮麗な寝殿造の厳島神社がその上に建てられていることを実見できるであろう。

二　平清盛による社殿造営

(1) 創建の由緒

神社は信仰の対象だから神秘性が大切にされる。したがってその創祀についての歴史は曖昧で、神話や伝説の形で示される例が多い。寺院も縁起譚というかたちで示されるのがふつうである。厳島神社の場合も、その創建の由緒を語る比較的古い伝承は、A『長門本平家物語』、B『源平盛衰記』が記す伝説である。

佐伯鞍職　それによれば、推古天皇の五（五九七）年、佐伯鞍職《さえきのくらもと》（B）（A蔵本）が舟の上で釣漁（A）（B網漁）をしていた。西方（B）、九州（A）から紅の帆をかけた船がやってきた。船は瑠璃《るり》の壺で貴女が乗っていた（A）。船中に瓶がありその中に赤幣と三人の貴女が乗っていた（B）。食事を求められたので米を海水で練ってさしあげた。「大宮より左八、右九、中は十六」と不思議な歌を詠まれた。恩賀島《おんがしま》の島廻りをして三笠浜に着いた。この恩賀島というのは現在の厳島のことであり、当時はそのように呼ばれていたものと思われる。その恩賀島をあらいつくしといわれた。佐伯鞍職（B）（A蔵本）が上洛して伝奏したところ、紫宸殿《ししんでん》の上に大きな三星が異光を放ち、霊鳥が一二万の榊《さかき》をくわえて集まった。そして神領が寄進された。女神は娑竭羅《しゃかつら》龍王の娘、神功皇后の妹（A）、天照大神の孫（B）で、本地は大宮は大日、弥陀、普賢、弥勒である。（B）百王守護のためにあらわれた。佐伯鞍職（蔵本）は神主の祖である。

佐伯景弘　この伝説の内容に一部で共通するのが、「伊津岐島社神主佐伯景弘《かげひろ》解」（『芸藩通志』、『厳島文書』）という歴史史料である。仁安三（一一六八）年に神主の佐伯景弘が朝廷に社殿の修復造営を願い出ている文書である。景弘はそこで、推古天皇の丑年（五九三）に垂迹されたこと、佐伯鞍職が景弘の曩祖《のうそ》であり、鞍職以来その子々孫々が神主の職を務めることとされており、異姓の他人を神主にしたり神事に従事させてはならないという決まりがあることをのべている。鎮座の年を『長門本平家物語』では推古天皇の五（五九七）年というのに対して、佐伯景弘解では推古天皇丑年つまり元（五九三）年といっている。伝承としてはそのような遠い古代の六世紀末の推古朝という伝承があったことがわかる。しかし、歴史事実は確認しがたい、というのが現状である。

伊都岐島神　伊都岐島神の名が歴史史料にみえる初見は、『日本後紀』の弘仁二（八一一）年七月一七日条である。伊都岐島神を名神として官社に列し、四時祭の奉幣に与《あず》かる神社と位置づけている。その後、天安三（八五九）年には、伊都岐島神の位階を正五位下から従四位下にあげている（『日本三代実録』）。延長五（九二七）年に完成した延喜式の神名帳では、伊都岐島神社を名神大社と位置づけている。

（2）平清盛と伊都岐島大明神

小型の神社を大型の社殿に奉安　伊都岐島神社が現在みるような壮麗な社殿をもつ神社として造営されたのは、前述のように平清盛によってである。それまで、海岸部に六基の小型の神社がまつられていたのを、その六基を一つの異常に大型な本殿を建てることによってその内部に奉安したというのが、建築史の三浦正幸氏の見解である。それが妥当な見解であると筆者も考える。

白河院の御落胤　平清盛とは、白河院に重用された伊勢平氏の平忠盛《ただもり》の子とされる人物である。しかし、実の父親は白河院であり、院が寵愛した祇園女御の妹が産んだ子であることは当時の多くの者が知っていたようで、『平家物語』にも「夜泣きすと　ただもり（忠盛）たてよ　末の代に　きよくさかふる（清盛）こともこそあれ」という歌を、白河院が詠んで忠盛に与えたという逸話を載せている。伊勢平氏という地方出身の新興武士の子にしては、異常な出世を遂げた清盛の生涯を考える上では、ある程度は信憑性のある話として人びとの間で語られていたのであろう。平清盛による厳島神社の造営についてその経過を記しておくと、およそ以下の叙述のとおりである。平安京の宮廷の寝殿造に模した豪華な社殿として、厳島神社の造営に尽くした平清盛の、その独創的な情熱を考えると、出自を白河院の御落胤《ごらくいん》に求めることはむしろ自然であるといってよいであろう。

平清盛の自筆の願文　ここで、平清盛の栄進ぶりについてまず整理してみよう。それは、次の表のとおりである。そもそも平清盛が伊都岐島神を信仰するようになったのはなぜか。それを知ることができるのは、平家納経の清盛自筆の願文の中の次の文からである。「往年のころ一沙門《しゃもん》有り、弟子（清盛）に相語りて曰く、菩提心を願ふ者、此の社に祈請せば、必ず発得有りと、斯の言を聞きてより、偏《ひと》へに以て信受す、帰依の本意、蓋《けだ》し茲《ここ》に在り（往年之比有一沙門相語弟子曰願菩提心之者祈請此社必有発得自聞斯言偏以信受帰依本意蓋在于

久安2年(1146)	清盛　安芸守になる(29歳)
永暦1年(1160)	初めて伊都岐島神社に参拝(43歳)　海上社殿の造営を開始か
長寛2年(1164)	平家納経奉納　願文奥書(47歳)(現在の般若心経の奥書部分だけ仁和2年)
仁安2年(1167)	清盛　太政大臣になる(50歳) 海上社殿の造営なる　　清盛参詣
仁安3年(1168)	「伊津岐島社神主佐伯景弘解」　朝廷に社殿の修造を願い出る 今後の造営には安芸国の国司の重任の功を充てるように太政官に申請 その後、清盛の参詣は治承4年(1180)までに計10回確認されるがそれ以上に来ている可能性もある(片道1週間ほどかかる)
承安3年(1173)	平家一門、舞楽面を寄進(抜頭など6面の裏書銘)
承安4年(1174)	後白河法皇・建春門院、平清盛とともに参詣
安元2年(1176)	平清盛　千僧供養を催す
治承4年(1180)	高倉上皇　参詣
治承5年(1181)	高倉上皇崩御　　平清盛没(64歳)

表　平清盛と厳島神社

茲)」。つまり、あるとき一沙門から伊都岐島神社に祈請すれば必ず発得ありと言われたのが機縁となったというのである。それについて参考になるのは、『平家物語』の巻三の記事である。安芸守となった清盛は鳥羽院に命ぜられて高野山の大塔の修理を行なう。そののち奥院に参ったときにあらわれた老僧(弘法大師)がいうには、いま荒れ果てている厳島神社の修理を奏聞してそれを実現すれば、官加階、栄達はまちがいない、と。そこで、清盛は厳島神社への信仰を深めていきながら、保元《ほうげん》の乱(一一五六)や平治《へいじ》の乱(一一五九)に勝利していった。そして、永暦元(一一六〇)年、初めて伊都岐島神社に参拝した。『山槐記《さんかいき》』の記事を参考にすれば、現在へとつながる壮麗な海上社殿の造営を清盛はそのときから開始したのではないかと推定される。

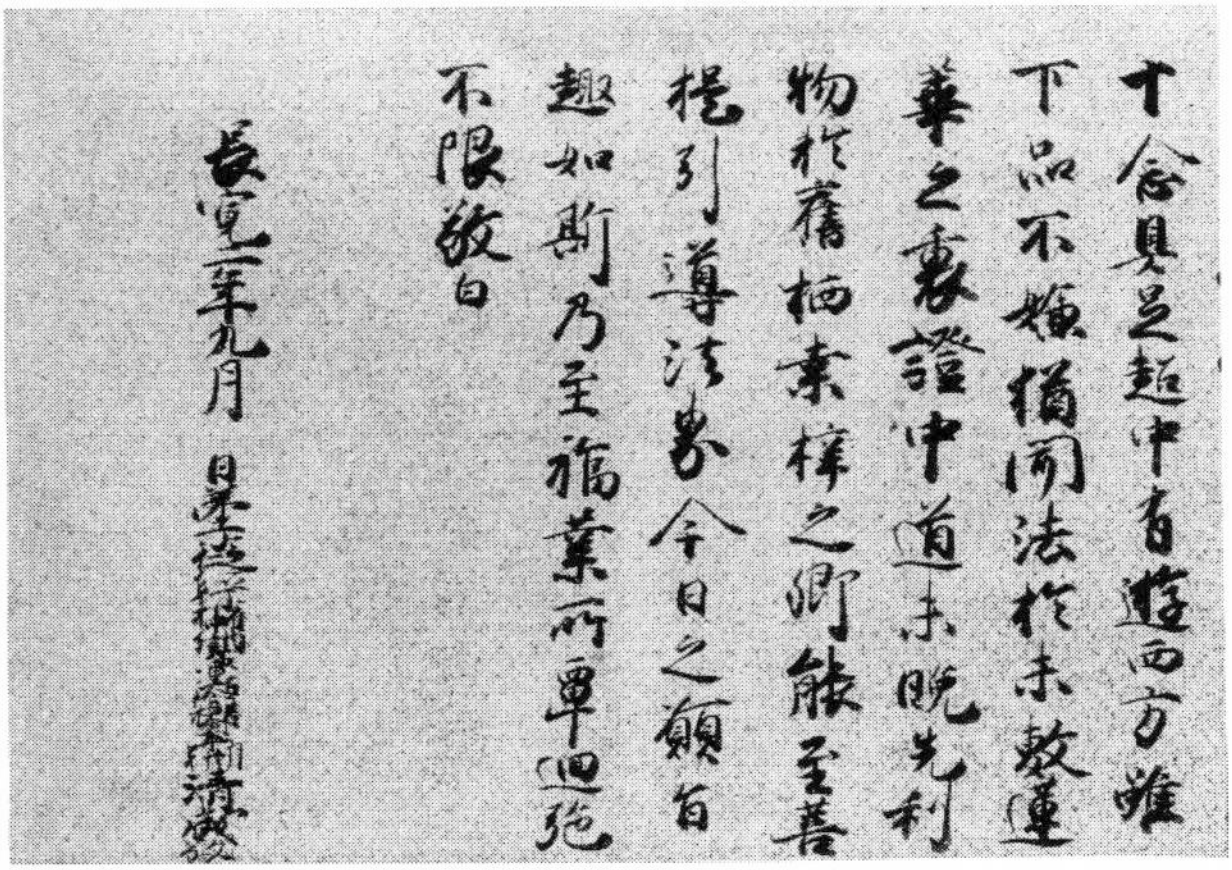

平清盛自筆願文

平家納経　現在の厳島神社の基礎は、平清盛による社殿造営と平家納経の奉納にある。平家納経というのは平清盛が奉納した装飾経のことであり、その経典とは法華経《ほけきょう》である。法華経というのは紀元前一〇〇〜前五〇年頃に成立した初期大乗仏教の代表的な経典である。宇宙の統一的原理（一乗妙法《いちじょうみょうほう》）、久遠《くおん》の人格的生命（久遠釈迦）、現実の人間的活動（菩薩行道）を説くものである。比叡山延暦寺を開創した最澄《さいちょう》がその根本経典としたことから平安貴族の間に法華経の信仰が広まり、その八巻を一日一巻ずつ講説する法会を、法華八講と呼んで、その講説聴聞《ちょうもん》をする風習が貴族社会に広く浸透していった。

法華経はその読誦や書写に際して、そのあらましを説く開経の無量義経《むりょうぎきょう》と、その要旨を述べて締めくくりとする結経の観普賢経《かんふげんきょう》を付属の経巻として添える習慣があり、あわせて一〇巻となり、それを講説する場合は法華十講と呼ばれていた。

清盛の奉納した平家納経は、法華経八巻を構成する二十八品《ぽん》と、開経の無量義経と結経の観普賢経、それに阿弥陀経と般若心経、そして発願《ほつがん》の趣旨を記した願文を加えた三三巻からなっている。この三三巻は、伊都岐島神の本地仏である十一面観音の三十三応化身《おうけしん》にちなんで、三三巻一セットとしたものであった。その三三巻に清盛のほか長男重盛《しげもり》、三男宗《むね》盛《もり》以下、一門ならびに郎党あわせて三二人が結縁に加わって奉納しているのである。なお、有名な画像で、左手に水瓶《すいびょう》、右手に剣をもつ女房が描かれた巻は結経の観普賢経で、それは伊都岐島神の姿を重ねて十羅刹女《じゅうらせつにょ》を描いたものとされている。

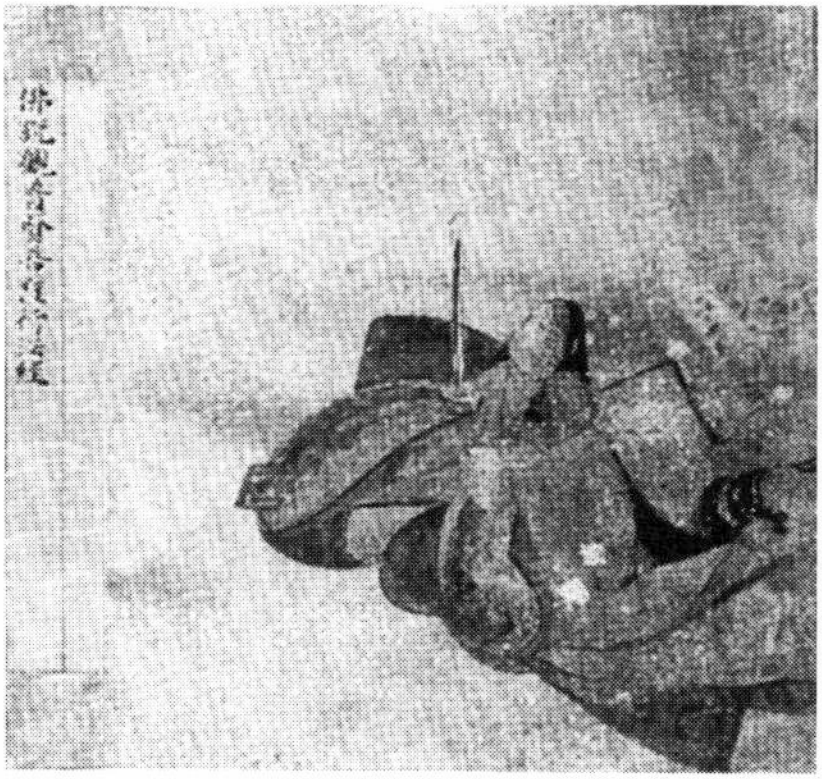
観普賢経

神仏習合　現在のように神社と寺院とが別のものと考えられるようになったのは、歴史的にみれば、まだ新しいことである。明治政府によるきびしい神仏分離政策によって、神社と寺院が区別されるようになってからである。古代の平安時代から神社と寺院は一緒に信仰されており、寺院の中にその土地の地主神の神社がまつられ、神社の中に神宮寺《じんぐうじ》と呼ばれる寺院が建てられていて、神仏は一体のものとして信仰を集めていた。そのような考え方を神仏習合とか、神仏混淆といい、それは比叡山を中心とする天台宗の仏教の教えの中から生まれてきていたものであった。その考え方とは次のようなものである。

① 日本の神々は六道輪廻《ろくどうりんね》の迷いの中にあり、まだ解脱《げだつ》していない存在である。神々は迷える存在であり、仏の救済を必要としている。そこで、神社境内に神宮寺を建ててそこで読経し供養する、神々はしかし神々のままであり、それによって解脱して仏になってしまうわけではない。

② 神とは仏教を守護する護法神である。インドのヴェーダ（聖典）以来の神々も護法神であり、東大寺法華堂の帝釈天《たいしゃくてん》や梵天《ぼんてん》などが護法神として安置されている例である。とくに東大寺大仏造立に当たっては豊前国の宇佐八幡神が手向山八幡として東大寺境内に勧請されて守護神とされた。東寺もその守護神を伏見稲荷社としている。こうした考え方は、すでに八世紀の奈良時代からみられたものであったが、平安時代の九～一〇世紀以降は新たな展開がみられるようになる。

③　仏教の影響下で新たな神と仏の関係が説かれるようになる。神は実は仏が衆生の救済のためにその姿を変えてあらわれたものだという解釈である。それが本地垂迹の説であり、天台の教学の影響で広まり、日吉は釈迦如来、伊勢は大日如来というように、本地仏と垂迹神の関係が説かれるようになる。

④　その本地垂迹説の考え方はとくに比叡山の天台の教学の影響で広まったものである。天台教学では法華経を根本経典とするが、その法華経の前半を迹門《しゃくもん》、後半を本門と呼んでいる。前半の迹門で説かれるのは八〇歳で死んだ歴史上の人間としての釈迦であり、それは仏陀の仮の現れつまり迹であるとされる。それに対して、後半の本門で説かれるのが永遠の仏陀である。その本門と迹門という考え方が適用されて、仏を本地、神を垂迹、とする考え方が示されてきて、それが定着していったのである。

すなわち、平清盛だけでなく、平安時代の貴族たちの間で万能の第一の経典として信仰を集めていたのが、天台宗の根本経典である法華経であり、厳島神社の平家納経はその当時のトップレベルの霊験あらたかな経典として信仰を集めていたものなのである。

（3）伊都岐島の祭神

伊都岐島大明神　伊都岐島神について、平家納経では伊都岐島大明神でありその本地仏は十一面観音であるとしており、それが基本と考えてよい。そして、結経の観普賢経で法華経を護持する十羅刹女としても描いている。神仏習合の信仰と思想の中での、伊都岐島の神についての情報を整理してみると、以下のとおりである。まず、九世紀から一二世紀までは、伊都岐島神というのがふつうであった（『日本後紀』八一一年、『日本三代実録』八五九年、『延喜式神名帳』九二七年、『平家納経』一一六四年）。それが、一六世紀には、唯一神道の卜部吉田家によって記紀神話の「天照与素戔嗚誓給生三女」のうちの市杵嶋姫とされてきた（『延喜式神名帳頭注』一五〇三年、『大日本国一宮記』）、現在に至っている。

その一方、神社や鎮座地の島の呼称としては、九世紀から伊都岐島であったが、鎌倉期の『長門本平家物語』や『源平盛衰記』の頃には一部に恩賀島という呼称もあった。厳島の表記がみえるのは南北朝期一四世紀初めの『厳島御本地』であり、近世には一七〇二年の『厳島道芝記《みちしばのき》』、一八三五年の『厳島図会』など、厳島という呼称がふつうになっていた。

このような状況にある中で、注目されるのは、前述のように天安三（八五九）年の伊都岐島神への神階授与で、伊都岐島神に従四位下であったのが、貞観九（八六七）年に従四位上へと格上げされたとき、伊都嶋宗形小専神にも従五位下が授けられているということである（『日本三代実録』）。この厳島に宗像の神が摂社の中に加わっているのである。前述のように、A『長門本平家物語』、B『源平盛衰記』にみえる伊都岐島の三女神の鎮座伝承としては、西方（B）から、九州（A）から、紅の帆をかけた船がやってきた、船は瑠璃の壺で貴女が乗っていた（B）、船中に瓶がありその中に赤幣と三人の貴女が乗っていた（A）、という伝承があった。つまり、ずっと後の一六世紀の唯一神道の卜部吉田家による記紀神話との付会とは別に、それ以前からこの伊都岐島神には宗像の三女神との関係が語られていた可能性があるということである。その背景には、宗像も伊都岐島も同じく海上の安全を守る女神としての信仰という共通点があったからと考えられる。

宗像三女神　では、その宗像の三女神とは何か。『古事記』、『日本書紀』神代上第六段本文、一書第一、一書第二、一書第三の記事が記すのは、天照大神が、天上の高天原に昇ってくる素戔嗚尊の心が清く赤いか、濁《きたな》く黒いか、それを確かめるために、二人の間で「宇気比《うけい》・誓約」をして、子を生むという方法を採って生まれたのが、天皇の先祖となる天忍穂耳尊、出雲国造の先祖となる天穂日命、など五男神と、市杵嶋姫命、湍津姫命、田心姫命の宗像三女神だという。ただし、その五つの異伝ではどれが基本でどれが変化形かが明らかでない。現在の宗像大社では沖津宮が田心姫神、中津宮が湍津姫神、辺津宮が市杵島姫神とされている。しかし、記紀の異伝の比較検証から矛盾のない合理的な観点として結論づけられるのは、①神話の構成枠組は、『古事記』の記す「天照大御神が、須佐之男命の持ち物であった物実《ものざね》を自分の手にして、三女神が生まれた」という伝承が古く基本的なものであり、②構成要素としては、沖ノ島の祭神は『日本書紀』一書第二の記す「遠瀛《おきつみや》の祭神は、市杵嶋姫命である」という伝承が古く基本的なものである、というのが結論である（新谷・二〇一八）。沖津宮の祭神は市杵島姫命であるというのが本来の祭祀であったと考えられるのである。

安芸の伊都岐島神社の祭神は、古くから伊都岐島大明神であり、それに中宮ほかの神々も併せ祭られていて、宗像三女神とは別の神であった。ただそれが、ともに海の神、海上安全の守護の神という共通点から、九世紀半ば以降という比較的早い時期から習合してきていた可能性があるのである。現在では、厳島神社の本殿内の六基の玉殿で祭られているのは、伊都岐島大明神を中心に中宮とほかの神一社、そして宗像三女神というかたちになっている。

三　あいつぐ社殿の焼亡と再建

平家の滅亡と厳島神社　寿永四（一一八五）年、壇《だん》ノ浦《うら》で平家が滅亡する。それまで平清盛の支援を受けていた神主佐伯景弘は微妙な立場になったと思われる。壇ノ浦での八歳の安徳《あんとく》天皇の入水《じゅすい》に際して三種の神器が失われる危機に直面しながら、かろうじて内侍所《ないしどころ》（神鏡）と神璽《しんじ》は回収されたが、宝剣は海底に沈んでしまった。皇位の象徴である宝剣の探索は必須であり、そのため現地の地理に詳しい神主佐伯景弘が文治三（一一八七）年勅命によって宝剣を長門の海中に求める役割を担い、厳島神社の神主としての立場は守られたようである。結局、宝剣の探索は実現せず、のちに土御門《つちみかど》天皇から順徳《じゅんとく》天皇への譲位に際して伊勢神宮の祭主から奉納された宝剣をもってそれに代えて今日に至っているのであるが、鎌倉幕府と源頼朝による厳島神社への保護もあり、佐伯景弘の神主の座は継続された。

建永二年の社殿焼亡とその再建　しかし、平清盛によって造営された華麗な厳島神社の社殿はまもなく火災によって炎上してしまう。建永二（一二〇七）年七月三日のことであった。当時の将軍は実朝《さねとも》、執権《しっけん》は北条義時《ほうじょうよしとき》であったが、朝廷から安芸国の国司と厳島神社の社司とが協力して再建造営にあたるよう宣旨《せんじ》がくだされ、八月二一日安芸国が造営料所に充てられた。そして、足かけ九年を経て建保三（一二一五）年一二月二日、忠実にもとどおりの再建が完了し遷宮を実現することができた。

承久の乱と神主藤原親実　承久三（一二二一）年、後鳥羽上皇による北条義時追討の院宣に発した承久《じょうきゅう》の乱《らん》で、上皇方についた佐伯景弘と佐伯一族は神主職を取りあげられてしまう。そして、厳島神社の神主職は幕府御家人の藤原親実《ちかざね》に与えられた。しかし、その藤原親実もその後に神主の職を世襲していった子孫たちも、鎌倉期を通じて厳島には在任せず、惣政所《そうまんどころ》を派遣して神社の支配を行なうかたちをとった。実質的な神社祭祀の実務に当たったのは従来どおり佐伯氏一族の世襲的な神職の集団であり、その役所であった政所の上に惣政所を置いて支配をするかたちとなったのである。神主は替わっても、祭祀集団の社家は佐伯氏一族のままであり、神社の歴史と伝統は頽廃することなく継続していったといってよい。

貞応二（一二二三）年の社殿焼亡とその再建　承久の乱と神主藤原親実の就任から二年後、前回の建保三（一二一五）年の再建遷宮からわずか八年後、貞応二（一二二三）年一二月三日、厳島神社の社殿は再び火災で炎上してしまった。前回同様に安芸国を造営料を拠出する国として指定し国司と神社の社司とで協力して再建を進めるようにと指示されたが、安芸国司はあまり造営に力を入れずに空しく一二年が過ぎた。しかし、文暦二（一二三五）年三月、朝廷は安芸国の国務を厳島神社に委ねて造営料を支出するかたちにして、神主の藤原親実に再建造営を完遂させることを命じ、幕府も周防国守護であった親実を安芸国守護へと配置換えして全面的な支援の体制をとることとなった。それにより、再建事業は急ピッチで進められることになり、仁治二（一二四一）年七月一七日についに再建が完了して遷宮が実現した。その再建された社殿は、仁安二（一一六七）年の清盛による初代の社殿、建保三（一二一五）年の二代目の社殿とまったく同じ設計であり、仁治二年当時の「神官等申状案」にも、「宝殿具屋の華美、超過すること雲泥也。御躰玉殿の荘厳、金玉光を耀し、錦繍色を尽し、殆ど帝都の神社に異ならず」とあるように、目を見張るばかりに荘厳で華麗な社殿であった。そして、この仁治度の社殿が、その後の長い歴史を経るなかで、老朽化する建築部材は一部ずつ交換されながらも現在の社殿へとつながっているのである。

北条泰時の支援　このように貞応二（一二二三）年の焼亡から再建が計画されながらも空しく一二年が過ぎた文暦二（一二三五）年、それまでの遅滞がまるでうそであったかのように急ピッチで再建の事業が動き出した。そして、六年後には荘厳華麗な社殿が完成されたのであったが、では、その原動力とは何だったのか。ここで一つの仮説を提示しておくならば、それは執権北条泰時《やすとき》の強い意志が働いたという可能性である。

承久の乱の勝利と後鳥羽上皇の流罪（一二二一）、執権連署《れんしょ》の体制固め（一二二四）、「関東《かんとう》御成敗式目《ごせいばいしきもく》」の制定（一二三二）へ、と覇権確立への道を周到に進めた北条氏の三代目泰時は、執権と連署の体制のもとで幕府の発給文書に「相模守平朝臣　武蔵守平朝臣」と署名していく。そのように自らを平氏一門と名乗る泰時が顕彰すべき人物とは誰か、それは平清盛であったにちがいない。屋島《やしま》から壇ノ浦へと滅亡していった平家一門の大勢の死者たちの慰霊と供養、承久の乱という大危機を乗り切れたその戦勝加護への報恩、また覇権確立の記念事業として、同時に平清盛への顕彰事業として、の意味がこの再建造営にはあったのではないか。この仮説は、筆者たちがかつて二〇〇六年に国立歴史民俗博物館で「日本の神々と祭り――神社とは何か？」という企画展示を行なったときに着想したものであった。

それは歴史学からすれば無謀な仮説にすぎないかもしれない。なぜならそれを立証する古文書や記録類が今のところ存在しないからである。しかし、重要な遺物資料が存在している。それは厳島神社に奉納されている幾多の国宝級の武具や甲冑《かっちゅう》類のなかに含まれている兵庫鎖太刀《ひょうごぐさりのたち》の名品である。刀剣類の専門家の近藤好和氏によれば、平安時代末期から鎌倉時代へかけて公家にも武家にも非常に愛玩されたのが兵庫鎖太刀である。その超

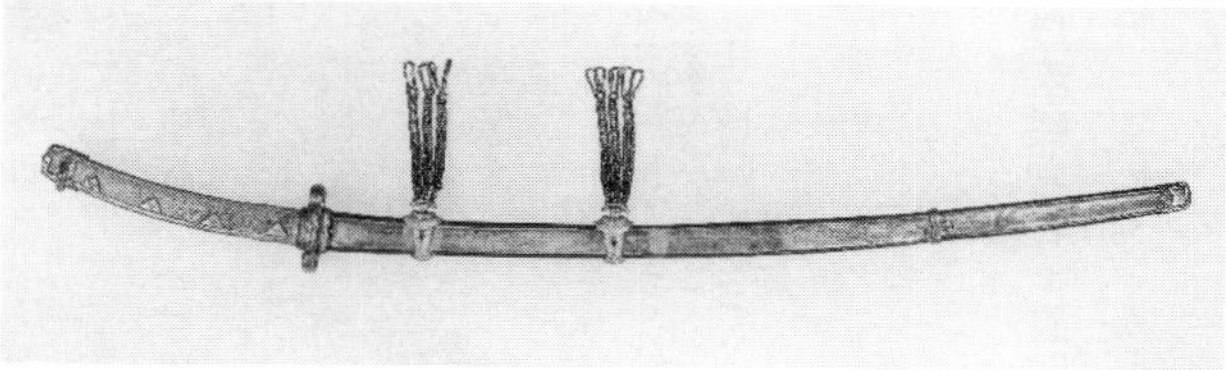

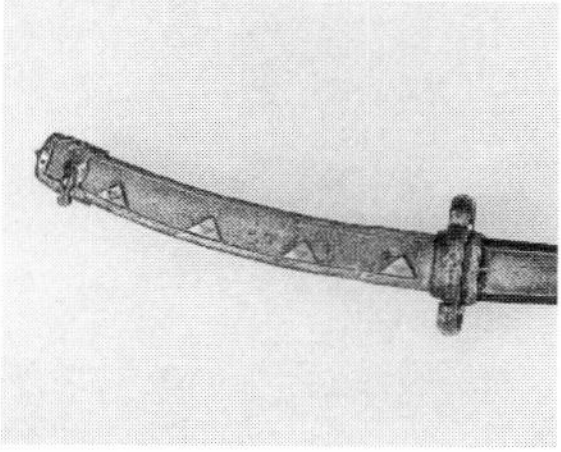

兵庫鎖太刀とその柄の三鱗紋

高級な兵庫鎖太刀の名品が、厳島神社には五点も奉納されており、歴博の研究展示の企画で借用してきて、そのとき展示室の中に私たちの目の前にある兵庫鎖太刀を見た。その柄《つか》の部分に打ち付けてあるのは、紛れもなく執権北条氏の三鱗紋《みつうろこもん》であった。それらの兵庫鎖太刀は、社殿造営を果たした北条泰時の記念と感謝の奉納であった可能性が高いのである。大勢の関係者の苦労と努力の末に厳島神社の壮麗な社殿が再び完成した仁治二（一二四一）年とは、その執権北条泰時が六〇歳で没する前年のことであった。

四　南北朝期から戦国期の厳島神社

足利義満と五重塔建立　足利義満《あしかがよしみつ》の祖父、足利尊氏《たかうじ》は建武年間の騒乱の中で、いったん敗れて海路を西走したとき、二月一八日厳島に参拝して祈念をこめたあと、赤間関《あかまがせき》（下関）に向けて出発し二五日に着いたという（「新出厳島文書」一五二号）。そして、九州で勢力を回復して京都へ向けて東上する途中、建武三（一三三六）年五月には安芸国造果保《ぞうかほ》（東広島市高屋町）を厳島神社の造営料所として寄進している。『太平記』によれば、尊氏はその五月一日に厳島に船を寄せ、参籠《さんろう》すること三日、その結願の日に持明院《じみょういん》からの院宣が届き、五日に厳島を出発した、と脚色的に記しており、尊氏の厳島神社への信仰心の篤かったことを伝えている。その尊氏の奉納経もあり、足利将軍家にとって重要な神社であった厳島神社に、尊氏の孫の足利義満もその後に参詣している。南北朝の混乱の終息も近い康応元（一三八九）年三月、讃岐の細川氏との提携、周防長門の大内氏への対策、九州探題の今川《いまがわ》了俊《りょうしゅん》へのてこ入れなど政治的な意味のある遊覧であったが、今川了俊の『鹿苑院《ろくおんいん》殿厳島詣記』などにその義満の厳島への参詣の様子が記されている。義満からの引出物には白太刀一、料足三〇〇〇貫などがあったが、とくに注目されるのは五重塔の建立であった。

豊臣秀吉と千畳閣　海上から厳島神社に向かって左側の高台に建つ巨大な経堂の千畳閣《せんじょうかく》は、豊臣秀吉が戦乱の中で死んでいった多くの戦死者の供養のために千部経を読誦する場として、天正一五（一五八七）年に安国寺《あんこくじ》恵瓊《えけい》に建立を命じたものである。秀吉自身も天正二〇（一五九二）年肥前名護屋城《なごや》に向かう途次、厳島神社に参詣しているが、その後の朝鮮出兵と秀吉の死没のため、完成しないままとなっている建物である。

その巨大な未完成の千畳閣の横に建っているのが、美麗な五重塔である。これは室町時代の応永一四（一四〇七）年に建立が完成したもので、その造営を進めたのは、古文書や記録類にその証拠は残されていないが、尊氏以来の信仰をこの厳島神社に寄せていた足利義満であった可能性が高い。高さ二七・六メートルの塔であるが、とくに神社を見晴らす高台の上に建っているので、周囲からもみごとなその姿をみることができる。台風や高潮や土石流、その他頻繁に襲う暴風雨のなかでも、この五重塔は決して倒れたことがないといい、計算しつくされたその奇跡的な室町時代の建築技術はまさに驚嘆に値するものである。

これは、鹿苑寺《ろくおんじ》金閣を建立した京都の技術者と同じレベルの高度な力量をもった人たちによって建立されたものと思われる。建武の争乱の中で苦難の西走中に祈念を捧げた祖父尊氏ゆかりの厳島神社に、この五重塔を完成させた翌年、応永一五（一四〇八）年、義満はその五一歳の生涯を閉じている。ふだんはこの五重塔はその内部も見られず上部に上がることもできないが、筆者は先般の修繕工事の際に、禰宜の飯田楯明氏の案内と教示をいただいて見学することができた。そして、建築部材に直接手で触れる中でこれが足利義満

五重塔と千畳閣

の篤い信仰の証であるとの心証を強くしたのであった。二〇〇六年の国立歴史民俗博物館での研究展示の際に理解と協力をいただいた当時の野坂元良宮司、野坂元臣権宮司、飯田楯明禰宜、福田道憲禰宜にはいまも篤く感謝している次第である。

領主としての神主家　南北朝期以降になると、神社経営の安定と老朽化する社殿の維持造営のための費用の確保と所領支配の安定化のため、藤原神主家は現地の安芸国に赴任してくる。それは鎌倉御家人であった神主家とその一族が、あらためて現地での所領確保のために尽力する国人《こくじん》領主へとなったことを意味する。そしてそれは、安芸国守護の武田氏と長門周防両国をはじめ広大な領国を支配している大内氏との対抗関係の中で、安芸と周防・長門・石見一帯のさまざまな国人領主との利害対立の中にあって自らの勢力の確保を不断に求められる状況となったことを意味する。

基本的には巨大な大内氏の勢力と結びつくことによってそれを後ろ盾としながら近隣の国人領主たちの侵犯から神社の所領を守っていくという立場を通していくことであった。しかし、戦国期の混乱の中で、神主藤原興親《おきちか》が跡継ぎのないまま病死してしまい、その跡目をめぐって神主家の一族である友田《ともだ》興藤《おきふじ》と小方《おがた》加賀守とが相争うという事態がおこり、それに介入した大内義興は両人の訴えを退け、神主を置かずに大内氏が直接、厳島神社を支配するというかたちをとった。

それに対して強い不満をもったのが神主家の友田興藤であり、その興藤は大永三（一五二三）年、安芸守護武田元繁《もとしげ》らの後援を受けて神主家の居城の桜尾《さくらお》城に入り、大内方の城番を追い出して自ら厳島神主と名乗った。翌年、大内軍に包囲されてしまった友田興藤はいったん和談によって弟の広就《ひろなり》を神主に立ててことを収めたが、天文一〇（一五四一）年、友田興藤は再び大内氏に叛旗をひるがえしたため、大内氏の軍勢の前に桜尾城は陥落し興藤は城に火を放って切腹して果てた。これにより、鎌倉以来の厳島神社の神主家は完全に滅亡したのであった。

棚守房顕　藤原神主家の滅亡により、あらためて厳島神社の運営の中心的な存在となったのが、古来の佐伯氏一族の棚守房顕《たなもりふさあき》つまり野坂《のさか》房顕（一四九五〜一五九〇）であった。厳島

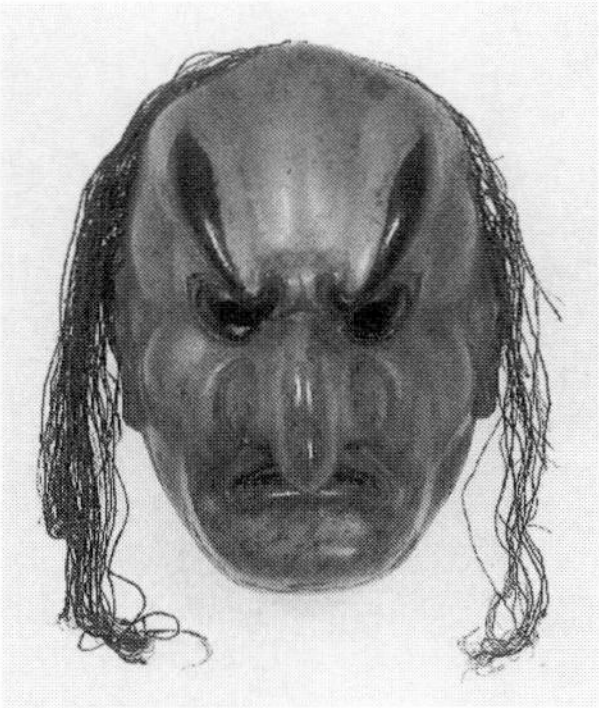
抜頭の舞楽面

神社大宮の宝蔵を管理する棚守職を世襲する家柄ということで、棚守房顕と呼ばれることが多い。前の神主友田興藤が大内氏に叛旗をひるがえした大永三（一五二三）年ころから、その房顕は大内氏に接近してその関係を深めており、天文一〇（一五四一）年には大内義隆の御師《おし》となっている。

その後、大内義隆が自刃して果てたのち、天文二四（一五五五）年の陶晴賢《すえはるかた》と毛利元就《もうりもとなり》との厳島合戦に際しては毛利方として活躍し、その後、毛利元就の保護のもとで厳島神社を代表する地位を築いた。元亀二（一五七一）年の厳島神社本殿の造営については、後述するが、その遷宮に際して毛利元就の許諾をえて京都から神祇大副の吉田兼右《かねみぎ》を招いているのがこの房顕である。彼は天正一八（一五九〇）年、九六歳で没するが、この棚守房顕の活躍によって、もともとの佐伯氏一族を中心とする厳島神社の祭祀が復活したのであった。

そして、現在へと続く野坂宮司家の基礎を築いたのが、まさにこの棚守房顕であり、現在も毎年年始の地久祭で唯一宮司が舞う舞楽として、抜頭《ばとう》の演目が代々野坂宮司家の父子相伝として尊重されているのも、棚守房顕の家が舞楽の舞師の地位を世襲していたことによるものである。古く平家一門から承安三（一一七三）年に抜頭など六面の裏書銘のある舞楽面が寄進されているが、そのような事実からすれば、厳島神社にとって舞楽というのは、中世の文明三（一四七一）年に棚守安種《やすたね》が天王寺《てんのうじ》の楽人秦広喜《はたひろよし》から舞を伝授されたという記録もあるが、もともと平清盛の信仰以来の古く長い歴史を伝えているきわめて重要な芸能といってよい。

毛利元就の信仰　厳島神社にとくに信仰を寄せた人物の一人が毛利元就である。大内義隆を自刃させた陶晴賢とのあいだの天文二四（一五五五）年の厳島合戦は決定的であった。元就が隆元《たかもと》、吉川元春《きっかわもとはる》、小早川隆景《こばやかわたかかげ》の三人の息子に宛てたいわゆる三矢の訓《おし》えの三子教訓状でも、その勝利は厳島大明神の加護によるものだといい、三人の息子にも厳島神社を大切にして信仰するようにと強く求めている。

しかし、その元就が厳島神社の社殿を流血で汚す事件が起こる。永禄六（一五六三）年八月、元就の嫡男隆元は尼子《あまご》氏攻略に参加する途上、備後三次《びんごみよし》地方の毛利氏傘下の国人和智《わ》誠春《ちまさはる》兄弟らから饗応《きょうおう》を受けた際、その直後に急死する。享年四一歳で遺体はその場で茶毘《だび》に付された。毛利元就は、周到に情報を収集して隆元の毒殺の疑いのあるその和智誠春兄弟を攻めて降伏させ、厳島に幽閉する。ところが和智兄弟はこともあろうに神社の本殿に立て籠もってしまい出てこない状態となる。困り果てた毛利勢は和智兄弟を力ずくで本殿から引きずり出し、社頭で斬殺した。永禄一二（一五六九）年のことである。

社頭を血で汚してしまった元就は篤く信仰する厳島大明神に対してひじょうに申し訳なく思い、本殿の建てなおしを行なうこととした。そして、ただちに再建工事に着手して、元亀二（一五七一）年一二月に造営を完了させ、京都から神祇大副吉田兼右を招いて遷宮を行なっている。そして、引き続き棚守房顕の後ろ盾となり、大内氏以来の棚守・大聖院・大願寺の三者を広義の厳島神社の代表とする神社運営を支持しつつ、社職の補任《ぶにん》権や給地宛行《あてがい》権は毛利氏が保留し、利害対立の場合には毛利氏が採決権を行使するかたちをとることとした。

五　厳島神社の歴史

社殿の造営と変遷

厳島神社の社殿の歴史を整理してみると、以下のとおりである。

第一に指摘できる特徴は、仁安二（一一六七）年に平清盛が造営した社殿が初代、建永二（一二〇七）年の焼亡のあと建保三（一二一五）年に再建された社殿が二代目、貞応二（一二二三）年の焼亡のあと仁治二（一二四一）年に再建された社殿が三代目であり、それが現在の社殿にまで部材の老朽化に対する交換が行なわれながらもその造形は初代から同じものが忠実に継承され継続されているという事実である。本殿だけは毛利元就が前述のような特別な事情で建てなおした元亀二（一五七一）年の四代目の本殿であるが、それも初代から二代目、三代目へと継承された造形が忠実に再現されている。建築史の三浦正幸氏によれば、古文書や図面だけでなく、建築の細部、細かい部分の造り方、曲線の使い方など、毛利元就の再建した現在の本殿もまるっきり平安時代の造り方でできており、平清盛の時代のものが正確に再現されているという。

第二に、その清盛の時代以来の社殿に対して、時代ごとに加わってきている建築物があり、現在の厳島神社はそれらが重層しながらの建築群となっているという点である。それは、足利義満による応永一四（一四〇七）年建立の五重塔、豊臣秀吉による天正一五（一五八七）年着工の千畳閣、そして、安芸国三代藩主浅野綱長《あさのつななが》による延宝八（一六八〇）年建立の能舞台である。厳島神社における演能としては永禄一一（一五六八）年に観世《かんぜ》太夫宗節《そうせつ》一行が招かれて神前の舞台で演能したという記事がみえるので、その前から能楽が演じられていたと推察できるが、神前の舞台での演能とあるので、当時はまだ能舞台は建立されていなかったと思われる。その約三〇年前の天文六（一五三七）年の大暴風雨の際にも能舞台はまだなかったことがわかる。現在の能舞台については、延宝八（一六八〇）年浅野綱長によると伝えられており、そのとき能舞台と橋掛《はしがかり》と楽屋を含めて建立されている。

しかし、それより以前の可能性ももちろんある。つまり、平清盛の時代の壮麗な社殿が忠実に守られ継承されながら、足利義満や豊臣秀吉や浅野綱長のような時代ごとの有力者が新たな建築物を建立してきて現在へと至っているというのがその特徴の一つである。

第三に、厳島神社といえば、何といっても海上に建つ巨大な朱色の大鳥居である。平清盛の仁安二（一一六七）年の初代のときから海上に大鳥居が建てられていたであろうが、記事に残る早い例は、弘安九（一二八六）年に大鳥居が再建されたという記録である。その後、神社の歴史に残る正中二（一三二五）年の未曾有の大暴風雨のときには大鳥居が倒壊したという。建武の争乱の中で戦勝祈願を祈り実現した足利尊氏が、倒壊した社殿の造営料として建武三（一三三六）年安芸国造果保を寄進しており、その後、貞和四（一三四八）年には佐西《さざい》郡己斐《こい》村を回廊以下造営料所として寄進している。そして、応安四（一三七一）年に大鳥居が再建されているが、大鳥居が人びとの目の前に現れるのは実に四五年ぶりのことであった。

その後、天文六（一五三七）年には、正中二（一三二五）年以来の二〇〇年か三〇〇年に一回といわれるほどの未曾有の大暴風雨が襲っている。そのときの社殿の倒壊は激しいものであったと思われ、大鳥居も倒壊か破損した可能性が高い。そこで、大内義隆は天文一六（一五四七）年に再建された大鳥居に後奈良《ごなら》天皇宸筆《しんぴつ》の額を寄贈している。その後、大内氏が滅亡したあと天文二四（一五五五）年の陶晴賢との厳島合戦で勝利した毛利元就は、厳島神社への信仰心が特別に篤く、永禄四（一五六一）年に大鳥居の再建を行なっている。中世史の岸田裕之氏によれば、大きな真柱《しんばしら》二本は近くの能美島から伐り出された楠木で、その再建工事にかかった人数はのべ約九〇〇〇人、費用は米一〇〇〇俵、銭一〇〇〇貫にのぼったという。その後も、明治八（一八七五）年の建て替え、昭和二六（一九五一）年の水没部分の朽廃化した根元部分の取り替えが行なわれるなど、不断のメンテナンスとケアが続けられているのである。令和元（二〇一九）年六月から始められた大規模保存修理工事は、令和三（二〇二一）年一〇月月現在、七割程度進んでいるところであるが、終了時期は未定で、あと一、二年はかかるとみられている。

朱色の大鳥居

自然災害と社殿の修復　厳島神社は、海岸というその立地の上からも、また海上に柱を建てた建築物であること、さらには後背の山の斜面からの土石流という点など、自然災害を常に警戒しなければならない社殿であるという点もその大きな特徴である。

明治から平成まででみても、明治一〇（一八七七）年・明治二四年・明治三三（一九〇〇）年・昭和二〇（一九四五）年枕崎《まくらざき》台風・昭和二五（一九五〇）年キジア台風・昭和二六（一九五一）年ルース台風・平成三（一九九一）年台風一九号・平成一六（二〇〇四）年台風一八号など、そのたびに社殿の大きな破壊や破損があり、その修繕工事にはたいへんな労力が注がれている。

一八七七年〜九一年には明治の大修繕、一九〇一〜〇六年には明治大正の大修理、枕崎台風のあとキジア台風やルース台風を挟みながら一九四九〜五七年には昭和の大修理が行なわれている。とくに敗戦の年の昭和二〇（一九四五）年の枕崎台風のときには後背地からの大量の土石流で社殿の大半が土砂に埋まる事態にもなっており、平成三（一九九一）年の台風一九号の大暴風雨では能舞台が倒壊している。それでも不屈の精神と姿勢で社殿を修繕し、神社の歴史を守り伝える努力が続けられている。

そうした中で注目されるのは、三浦正幸氏の指摘である。平清盛の造営ののち二〇〇年か三〇〇年に一度というような大暴風雨は、歴史上の記録によると、正中二（一三二五）年、天文六（一五三七）年の二度、襲っているが、そのときも含めてこれまでどんな大暴風雨であっても、中心的な社殿である本殿と拝殿に限ってみれば、そこにはまったく被害がないという。極端な高潮の場合でも本殿内はギリギリの潮位でしのがれてきており、建築的にみても堅固な社殿で自然災害に対してよく配慮して計画的に造られている本殿だというのである。

昭和20（1945）年枕崎台風のとき　土石流で埋まった社殿

ただし、それに対して前面の高舞台や祓殿《はらえでん》や回廊などの社殿部分は破損することもありうる構造であり、それでも本殿は守りきれる構造だという。そして、高潮や暴風雨に対応しながらも、ふだんの回廊の高さは満潮時の海面からギリギリの美しさを保つよう工夫されているが、そのかわりに回廊の床板は少しずつ隙間をあけて配置されている。満潮と高潮が重なったとき海水面が回廊の床面に迫りそれを越える場合でも、そのわずかな隙間から海水が上がり床面を守るという工夫がなされており、海上社殿としての一定の危機管理ができる構造となっている。それが平清盛の時代の技術者たちによっ

平成16（2004）年台風18号のとき　高潮で大きな被害を受けた社殿

てすでに設計されていたというのである。

　そして、足利義満の時代の五重塔であるが、これは海岸部の高台に建てられた高層建築である。大暴風雨にも耐えられるかどうかが心配だが、それは杞《き》憂《ゆう》で、これまでもどんな暴風雨でも決して倒壊しない設計がなされているという。その点は、同じく未完成の大建築である千畳閣も同様に倒壊したことはない。それに対して、近世に建設された能舞台は、土石流に襲われて倒壊したり、大暴風雨で倒壊したりしてきている。

　それは、海上社殿という常識では考えられないような建築物を実現させた平清盛とその技術者たちが、すでに自然環境と自然災害を想定しながら設計する高度な技能をもっていたことの証左であり、何度も襲った土石流の流路に当たる能舞台の場所、向かって右側の回廊の近くには重要な建物を配していない設計となっていたのであるが、近世になってその場所に能舞台が建てられたのである。そこはたしかに回廊からみても演能の見学には絶好の場所であり、そこに建設されたことはもちろん理解できる。しかし、平清盛とその技術者たちの建築設計上の知恵からいえば、その場所は土石流の流路としてしっかりと避けられてきていた場所だったことも確かなのである。

歴史からみる神社の特徴　こうして、厳島神社の歴史をたどってみてわかることとは何か。それは以下の五点である。

①　瀬戸内海の海上交通の中での安全祈願という自然の地理的な意味からの厳島への素朴な信仰がその原点にあった。

②　海運の重視と日宋貿易の推進による新たな世界の開拓へという革新的な事業を推進した平清盛による特別な篤い信仰と、当時の神仏習合の信仰にもとづく巨大な信仰対象の神社としての昇華と顕彰とが、壮麗な社殿の造営として実現し現在へとつながるものとなっている。

③　その後も継承されていった信仰、たとえば北条泰時、足利尊氏・義満、毛利元就など時代ごとの権力者にとって篤い信仰の対象とされて、その顕彰が神社の維持と造営を支えてきた。

④　現地で世代を継いで実際に神社祭祀の継承と社殿の維持継承に努めてきた棚守職であ

り宮司の家である野坂家をはじめ、飯田家や福田家など歴代の社家の人たち、そして社殿の維持継承に忠実に尽くしてきた歴代の優れた建築技術者の人たちの努力の結晶としての貴重な歴史がある。

⑤　一般の参詣者にとっても、信仰と観光という表裏一体の意味を基盤的に保持しつづけてきている神社の存在それ自体が、自然に機能している文化資源であるといってよい。

以上の五点である。つまり、極東の一島国である日本の神社の典型的な歴史を刻んでいる貴重な一例であるということができるのである。

第九章　原初を伝える杜の神

一　神社の原像

神社の歴史を明らかにするためには、やはりまずは、歴史学つまり文献史学の成果に学ぶのがいちばんであろう。しかし、文字記録がない時代の歴史については、神々の祭りの痕跡を残す遺跡や遺物を追跡する考古学の成果に学ぶというのがもう一つ確かな方法であろう。

磐座祭祀　そういう考え方から、ここまで調べてきた結果、現在につながるもっとも古い神社祭祀のかたちは、出雲大社境内近くの命主社の真名井遺跡から出土した弥生時代中期の武器型青銅器と翡翠の勾玉があらわしている磐座祭祀であったということができた。そして、その後も、磐座祭祀というかたちが四世紀後半から六世紀まで、宗像沖ノ島遺跡や三輪山祭祀遺跡から知られるように継続していたこと、そしてその磐座祭祀という方式は、平安京を取り巻く貴船神社や松尾大社や日吉山王権現や、九世紀に勧請された石清水八幡宮の場合も含めて、日本各地で伝承されていることが明らかになった。

禁足地祭祀　また、その一方では、沖ノ島遺跡でも三輪山遺跡でも、六世紀から七世紀には磐座祭祀から禁足地祭祀へというかたちに変化していたということがわかった。そして、その禁足地祭祀というかたちが、伊勢神宮の遷宮や石上神宮の祭祀や上賀茂神社のみあれ神事や信州の上下両諏訪大社の六年ごとの御柱祭というかたちで伝えられていることが明らかとなった。

流造の本殿形式　また、神社といえばやはり視覚的に本殿や拝殿などであり、その神社建築がいつから、どのように歴史の中で生まれ、それが変遷してきたのか、という点については、古代の豪族居館に由来する本殿の屋根に千木と鰹木をそなえる伊勢神宮の神明造や出雲大社の大社造、そして住吉大社の住吉造が古いかたちであり、それがややくずれたのが春日大社の春日造であったということがわかった。しかし、本殿の屋根に千木と鰹木をそなえるかたちはその後は用いられなくなり、上賀茂神社や下鴨神社以降は、切妻造・平入の身舎の正面に庇を付けてその庇に向けて正面側の屋根を伸ばした流造が普及していき、その後はいろいろと変化が加えられながらもその流造の本殿形式が一般的となっていったことがわかった。

したがって、現在の日本各地の神社の本殿の形式はほぼ六割以上がその流造となっているのである。その流造では側面からみると屋根が「へ」の字のかたちになっており、雨除けのための正面の庇の下には高床式の身舎に登るための階段、木階《きざはし》が造られており、その木階の下から、つまり外から本殿の祭神に拝礼するのに適したかたちとなっているのである。

杜の神　以上の追跡と整理により、日本の神社とは何か、その歴史をすべて見渡したといえるかどうかというと、必ずしもそうではない。日本各地にはもっとさまざまな素朴な神々がまつられてきているのが現実である。それはたとえば、若狭大島のニソの杜《もり》、石見の荒神森《こうじんもり》、対馬の天道地《てんどうち》、薩摩・大隅のモイドンなどである。巨木や磐座などをめじるしにして自然の中に神々が祭られているのである。それらこそ、日本の神社の祭りの基盤的な信仰のありかたを今日にのこし伝えているものであろうという可能性が高い。そこで、それらについてここで追跡しておくことにしよう。

対馬の天道地　たとえば、対馬の天道地の信仰についての研究として注目されるのは、著名な神話学者の三品彰英《みしなあきひで》や民俗学者の和歌森太郎《わかもりたろう》や現地の研究者である永留久恵《ながとめひさえ》の研究などである。それらによれば、太陽信仰や母子神信仰や神仏習合などさまざまな信仰の影響を重ねながらも、天道様というのは、①社殿がない、②里のシゲと呼ばれる神籬《ひもろぎ》の形式と山のカナグラと呼ばれる磐座の形式とがある、③冬の祭りでは元山送りといって里の聖地から山の聖地へと神が送られる例が多い、④祭りは頭人《とうにん》が村人の中から選ばれて営まれる、⑤祭日は陰暦の正月と夏の六月と冬の霜月に行なわれる例が多い、⑥豆酘《つつ》の事例では正月一〇日の天道様のオハタラキという行事で前年の頭人から今年の頭人へ天道様のしるしと呼ばれる六〜七斗入りの米俵が移される、⑦天道地は絶対に侵してはならない、土をくずすことは禁忌、祟りやすい激しい威力がある、⑧天道様の祭りと関係のあるヤクマの祭りは麦の収穫祭としての側面がある、などがその特徴として指摘されている。ただし、そこには非常に複雑な伝承が絡まっており、まだその解明には至っていないのが現状である。

宮留地区の大坪の小杜　遠景

二　若狭大島のニソの杜

そこで、私が直接現地調査を行なった若狭大島のニソの杜の伝承について紹介しよう。ニソの杜というのは、写真にみるような杜とそこに祭られている神のことである。ニソというのは、現地の研究者の大谷信雄《おおやのぶお》（一

西村地区の瓜生の杜　杜のなか　タブノキと小祠

八六六〜一九五七）が名付けたもので、それを民俗学の研究者が広めていった名前である。ニソの語源は新嘗祭の一一月二三日の日付であるニジュウソから来たのではないかと柳田國男は推測している。そのニソの杜という聖地とそこに繋るタブノキやツバキを聖樹として祭られているのであるが、中には小さな祠を設けている例もある。若狭の大島地区ではそのような杜が三〇ヵ所ほど祭られているのである。このような素朴な杜の神の祭りが、氏神の大島明神や小社の諏訪社など神社の祭りと並行して大島では人びとによって祭られてきており、それらは実は氏神や小社の祭りと構造的に連関しており、その中でももっとも素朴な神祇の祭りではないかと考えられるのである。そこで、以下でそれについて解説してみることにする。

ニソの杜は、柳田國男が早くに日本の神社の原初的な姿を伝えているのではないかとして注目していたものである（安間・一九八〇、柳田・一九三八）。これまでの研究史の上からみると、そのニソの杜の神は先祖を祭ったものであるとか、地の神や荒神を祭るものであるとか、さまざまな解釈が行なわれていた。しかし、平成二七年度（二〇一五）から三年間の福井県おおい町による事業で、はじめてその詳細な全事例を対象とする集中調査が実現したことは大きな成果であった（『大島半島のニソの杜の習俗調査報告書』二〇一八年、『ニソの杜と先祖祭り』二〇一九年）。

若狭大島の景観　航空写真

（1）大島の集落とニソの杜

若狭大島は福井県おおい町の北東部にある半島で、若狭湾の中に突き出た半島である。南側の小浜《おばま》湾は穏やかな青戸《あおと》の入江があり、大飯《おおい》原子力発電所の建設にともない青戸の大橋が一九七四年に架橋されるまでは本郷からの定期船が一日に五便程度通う半農半漁の村であった。集落は、西から東に向かって、浦底《うらそこ》、西村、河村、日角浜《ひつはま》、畑村、脇今安、宮留《みやどめ》の七つの地区からなっている。航空写真の左上の入江が浦底、西村で、手前の平地部分が宮留である。

大島の神社と小社とニソの杜　その大島に祭られているニソの杜の三〇の事例についての情報を整理しておくと、以下のとおりである。

浦底には二事例、西村には四事例、河村には七事例、日角浜には二事例、なお、日角浜には、島山明神、長楽寺があり小学校や郵便局や公民館や漁協などの公共的な施設が多い。畑村には一事例、脇今安には八事例、宮留には六事例が立地している。なお、大島では平地の少ない集落が多いが、それらとちがい、宮留には海岸沿いの集落の後背に平地の耕作地が広がっており、八幡社が明治四四（一九一一）年に日角浜にある六所神社（島山明神）に合祀されるまでこの耕作地の中の森に祭られていた。諏訪社は現在もその耕作地の北方はずれの海岸近くにある。そして、日角浜に立地している島山明神がこの大島地区の氏神の神社である。

このような大島の集落では、神社と小社の立地はいずれも集落から外れた地点に多く、寺院と堂宇《どうう》の立地は集落の中か隣接した地点である例が多い。そして、一九七〇年代までの土葬の頃にサンマイと呼ばれた埋葬墓地は死穢《しえ》の場所として忌避され遠くはずれた山中や山裾に、石塔墓地のハカはサンマイよりは集落に近い山裾にそれぞれ設けられていた。

それに対して、ニソの杜の立地は、(A) 集落の中や集落に隣接した地点にある例が一四例、(B) 集落から離れながらも耕作地と山林との境目のような山裾や山寄りの地点にある例が一四例、と二つのタイプがあり、耕作地と海岸部との境目にある一例は (B) に準じるものといえる。そして、これらの神社と小社、寺院と堂宇、サンマイとハカ、ニソの杜、というのはその四つがそれぞれの意味を含みながら、それぞれの論理で立地しており、それら相互の間に吸引力や反撥力などの関係性や関連性はとくにはないとみるのが自然である。つまり、ニソの杜は、他のいずれとも連動しておらず、自立的で自律的にその立地点を得ているといってよい。

(2) ニソの杜の祭り

氏神の島山明神の祭り手は、古くからネギと呼ばれる八軒の家が中心で、それに大島全体の七つの集落の人たちが参加して祭っている。小さな規模の宮留の諏訪社は古くから長《おさ》百姓《びゃくしょう》と呼ばれている六軒の家が祭っている。それに対して、三〇ヵ所のニソの杜はそれぞれ古くから祭る家が決まっており、数軒で祭る例が多いが、その場合も各家々が相談するなど協力し共同で祭っているのではなく、他の家とは関係をもたないで、それぞれ順番に単独で祭っているのが特徴である。祭る家が順番になっているが、それはむかしからのことであり、日程を相談して順番を決めているわけではないという。よそから訪れる私たちにはよくわからない関係だが、ただはっきりしているのは、どの家も自分の家の祭り方で祭るので、同じニソの杜に対しても当番の家によって供物の数もそれぞれで異なることも多いということである。

一九六〇年の橋本鉄男《はしもとてつお》の調査（橋本・一九六〇）の時点と、今回の二〇一五〜一七年の調査の時点とではいくつかのちがいがあり、計三〇の事例のうち、一〇事例が中止や廃絶となっているものの、残りの二〇事例はまだ祭りを絶やさないように続けている。

杜と景観　杜の景観は文字通りこんもりとした杜でその多くがタブノキの巨木を目印に椎の木やツバキや孟宗《もうそう》竹林が集まっており、巨木の根元に小さな祠が設けられている例が多い。長年のうちにはタブノキの老化も進むが、タブノキは成長が早いのがその特徴で、古株から新たな芽が出て成長もしている（今井・二〇一八）。

祭日　旧暦霜月二二日から二三日に日付が変わる夜陰、浄闇のなかでひそやかに家の当主か夫婦か親子だけでお参りする。手を合わせるだけで拍手は打たず祝詞や祭文など唱え言は一切ない。この祭日以外は杜に決して近づいてはいけない。樹木の伐採や枝葉の片付けもしてはならない。この禁忌をおかすと怪我をしたり病気になるといい、そうした例も語り継がれている。安間清《やすまきよし》や橋本鉄男が当時の様子を報告しており、まだ暁烏《あけがらす》が鳴かぬうちにお参りするというのが基本であった。

それは柳田國男が注意を促していたように、冬至の時季に当たる大師講《だいしこう》の日付である。冬至をめぐっては、後には一陽来復《いちようらいふく》の信仰が流通してくるが、それ以前から太陽の陽光の再生への祈念の行事が日本各地でさまざまに伝承されてきた。その冬至の祭りや行事の中では、小豆飯の赤色や柚子《ゆず》や蜜柑《みかん》など柑橘類の黄色が、恵み深い太陽の陽光へのあこがれとその類似連想の中に伝えられてきている（黒田・二〇一八）。ニソの杜の祭りにおけるアカメシ（小豆飯）という供物には、それが米飯であるとともに、赤い色の米飯であるということに、たいせつな意味が託されているものと考えられる。つまり、ニソの杜のアカメシ（小豆飯）とシロモチ（粢《しとぎ》）という供物の組み合わせには、基本的に稲の収穫への感謝と祈りという意味とともに、その稲を育てる太陽の再生と循環永続を願うという意味が込められていたものと考えられるのである。

装置　ニソの杜のタブノキの巨木の根元の小祠への設《しつら》えの基本は、注連縄《しめなわ》、やや長い竹に白紙をつけた御幣《ごへい》一本、短い竹に白紙の幣をつけたミテグラ（幣束）一二本、添の浜もしくは袖の浜から採取してくるきれいなゴイシ、そして海藻、という組み合わせである。注連縄の藁《わら》もアカメシ（小豆飯）とシロモチ（粢）を容れる藁ヅトと同じく、かつてはニソの杜に付属しているニソ田で新穀の稲とともに収穫された藁を用いた。ミテグラ一二本は、一年一二ヵ月をあらわしており、小祠の左右に半年分六本ずつ、計一二本を束ねて立てておく。閏年《うるうどし》には一三本立てる。そうして、ニソの杜の祭場は一年に一度だけきれいに清められた場所とされるのである。

そして、小祠の近くでそれとは別に同じく供物としてアカメシとシロモチを供えるのがカラスグチである。カラスなどがその供物を早く食べればよいと言い伝えられている。それがいまも設けられているのは、七事例だが、供物をカラスや野犬などに食べられるのをオトがアガルといって喜ぶ。ニソの杜で祭る神に供物を快く受け取ってもらえたかどうかを気にする神祭りの古い意識がそこにはうかがえる。二三日の朝のうちにオトがアガッた例を筆者も何度か実見している。

供物　供物の基本はアカメシ（小豆飯）とシロモチ（粢）である。アカメシには、小豆飯

（煮た小豆と粳米《うるちまい》を混ぜて炊く）と赤飯（煮た小豆と糯米《もちごめ》を蒸す）とがあるが、小豆飯の方が古く、赤飯が新しいと考えられる。小豆飯の例は二例で、赤飯の例は一三例である。また、もとは小豆飯だったが握りやすくくずれないようにするために赤飯に替えたという例が二例ある。そして、小豆よりも古いかたちを伝えていたのが、もとはササゲ（ささげ豆）を使っていたという一例である。現在は小豆と糯米で赤飯となっているが、「セキハンは自前の田から収穫した糯米とササゲから作る。ササゲは色が良く染まるが灰汁《あく》を取ったり、冷めないと糯米が悪くなるなど手間がかかるため、小豆を使うこともある。ササゲは前日に洗い、水に入れて一度沸騰させ、灰汁をとる。ゆで汁を冷まし、色をつけるために糯米を浸す。翌日、ゆで汁と一緒に炊く」とのことである（今石・二〇一八）。アカメシの赤い色の食材はもともと古くは小豆よりも素朴なササゲであった可能性がある。

そのアカメシと一緒に供えられるのがシロモチである。調査レポートに「シロモチは米少々を四時間くらい水につける。その後、スリコギですりつぶし、水を混ぜて練る。米だけだと柔らかくなりすぎる場合があるため、現在は小麦粉を少し混ぜている」とあるように、米を水につけて柔らかくしたものをすり鉢などで粉状にして、水で練って餅のようにのばしたものであり、粢《しとぎ》と呼ぶのが古くから一般的である。

そのような粢が古くからの米の神饌のかたちであったということを早くに指摘している

のは、柳田國男である（柳田・一九三八）。柳田によれば、シロモチという呼称も古いもので、現在も各地に残っており、この米を粉にして水で練ってつくる粢、シロモチが日本の古い晴れの日の食物であり、のちに人間の好みが変わって食べなくなってからも、神社の

河村地区のハゼの杜　設えと供物

藁ヅトに供えられたアカメシとシロモチ

河村地区のハゼの杜　奥が杜の小祠で手前がカラスグチ

カラスグチの供物も小祠への供物と同じ

祭礼や普請の棟上げ式や葬式などには調製されているのは、神や先祖に供えるには古式のものを残したのであろう、それがいまも各地の神饌や供物の粢、シロモチの風習であろう、といっている。筆者の調査事例でも粢の例は少なくない。たとえば古風な神事の例と

宮留地区の神田の杜　霜月23日未明のお供え　1971年

宮留地区の大坪の小杜　霜月23日未明のお供え　1971年

しては、安芸の宮島の名前で知られる厳島神社の御島廻り式の中の御鳥喰《おとぐい》神事の神饌が粢であった（新谷・二〇〇〇）。このニソの杜の供物のシロモチも古い神饌の伝承を伝えている例の一つといえる。

古くはニソの杜に付属しているニソ田の収穫物である稲米と稲藁を供物の中心としてきたが、しだいにニソ田が耕作されなくなり、近年は祭りの当番の家の水田から収穫される稲米と稲藁が使われている。それは大飯原子力発電所の誘致が昭和四四（一九六九）年に町議会で決議され、その一〇年後の昭和五四（一九七九）年から営業運転を開始するのに向けての青戸の大橋の架橋や道路建設、海岸部の埋め立て工事、圃場《ほじょう》整備などの土地改良工事等々にともなう大きな環境変化や社会変化の中でのことであった。

（3）ニソの杜の祭りの特徴

以上のようなニソの杜の祭りをめぐる伝承から導かれる結論とは何か。これまでいろいろと論じられてきたニソの杜で祭られてきている神とはどんな神なのか。その点についても、自然とその結論が導かれてくる。

新嘗祭とにえの忌み　ニソの杜へ供える稲米は、ニソ田と呼ばれてきた水田でそれぞれのニソの杜を祭る家が耕作してきたその収穫物であった。一九七〇年代の大飯原子力発電所の建設にともなう海岸道路や山中を貫く道路の新設や、圃場整備事業などで、そのニソ田の多くは失われていったが、ニソの杜の祭りは、それぞれに付属していたニソ田の耕作とその収穫への感謝と祈念の祭りであるという点が基本であった。

それが、実際に稲が収穫される旧暦九月という時季ではなく、霜月二二日から二三日への未明の夜陰の浄闇のなか、ひそかに杜の神に稲米への加工を加えたアカメシとシロモチを藁ヅトに入れて供えている。それは、稲の収穫の祭事の典型例であるところの伊勢神宮の天照大神へ新穀を捧げる旧暦九月の神嘗祭と、それに対する天皇の霜月中卯日の新嘗祭という関係と比較すれば、ニソの杜の祭りは、天皇の新嘗祭に通じる祭事であるといえる。

その天皇の新嘗祭については、天皇が新穀を嘗める儀式と解釈され、それに続く辰の日の豊明節会《とよのあかりのせちえ》と連動して、収穫感謝の神事と群臣直会《なおらい》の祝宴というかたちで、広く理解されている。しかし、折口信夫の新嘗の理解を参考にしてみると、もう一つの別の重要な見解が示されていることがわかる。折口は、「新穀を召し上るのを、新なめとは言えない。なめるという事には、召食《メシアガ》るの意味はない。日本紀の古い註を見ると、にはなひという事が見えて居る。万葉集にも、にふなみという言葉があり、其他にへなみと書かれた処もある」といい、「にはなひ・にふなみ・にひなめ・にへなみ、（中略）此四つの言葉は、にへのいみということで『のいみ』といふことが『なめ』となったのである。（中略）結局此は、五穀が成熟した後の、贄として神に奉る時の、物忌み・精進の生活である事を意味するのであろう。新しく生《な》ったものを、神に進める為の物忌み、と言う事になるのである」とのべている（折口・一九二八）。

つまり、この折口の「にひなめ」の理解を参考にすれば、このニソの杜の祭りが、新穀感謝に向けての人びとの素朴な「にへの斎《いみ》」であったことがわかるのである。そこからは、ひそやかに自分たちだけでお参りする、柏手も打たない、唱え言葉もない、箸などない、という形式の中に、もっとも素朴な杜の神への厳粛なお供えとお参りとして伝承されてきているものであるという点が注目されるのである。個々人の生活者としてのレベルの天然の神への感謝の祭りがそこにあったということを知らせているものといってよい。祭り手や供物についてみても、氏神の島山明神への祭りは八軒のネギ（禰宜）が中心となっており、小さな諏訪社の祭りでは六軒の長百姓が祭っているが、ニソの杜の祭りは、そのような集団化、組織化という次元ではなく、それを相対化するような祭り手の個々の自立と実践と示されているといってよいのである。

また、供物の上からいっても、ニソの杜の祭りにアカメシ（小豆飯）とシロモチ（粢）という素朴なかたちが残り伝えられているのに対して、氏神の島山明神では大祭ではその供物はシロモチ（粢）と餅になっており、小祭にだけアカメシ（小豆飯）が供えられているのである。つまり、祭り手についてもニソの杜が素朴な個々人のレベルであり、組織化はされていない、供物についても、米の加工の歴史からみて、餅という新しい段階ではなく、アカメシ（小豆飯）とシロモチ（粢）という素朴な段階の方式を伝えているのである。

このニソの杜の祭りは、小さな村の小さな素朴な杜の神への祭りではあるが、稲作の収穫感謝とその持続性を願う天然の神への祈りと祭りという点では、宮中の新嘗祭にも伊勢神宮の神嘗祭にも、日本全国各地の大中小の神社の秋の収穫祭にも共通するという構造的な関係の中に位置づけられる祭りであるといってよいのである。

水源に祭られているニソの杜　ニソの杜の立地についての追跡から二〇一九年春の段階で指摘できたのは次の二つの見解であった。その一つ、山裾など耕作地と山林との境界的な場所に祭られているタイプについては、古典的なC・レヴィ＝ストロースの「人間の文化の領域」とそれを取り囲む「自然の野生の領域」との対応関係という構図であった。もう一つの、集落の内部にあるいは近接して祭られているタイプの事例については、集落が形成される中でも、タブノキの巨木やエノキの巨木、ツバキの樹勢、竹林の繁茂などに、自然の威力や生命力を感じてそれを畏敬し、侵すなどというようなことをしなかった人たちの歴史がそこにあったと論じた。しかし、それは抽象的な解釈に過ぎないことがまもなく反省されることとなった。

その後、関沢まゆみ氏の追跡調査により、まず、山裾など耕作地と山林との境界的な場所に祭られているタイプの、日角浜地区の大谷の杜や河村地区の一の谷の杜が、農業用水の貯水池の水源近くに祭られていることが明らかとなった。宮留の観音堂の裏手の山の斜面にある神田の杜も水源地の近くに立地しており、そこから水田の用水としての湧水が流れ出ている。その他、九事例のいずれの杜も、耕作地の農業用水の水源の近くであるということが現地で確認された。そしてその一方、集落の内部やすぐ近くに立地しているニソの杜についても、脇今安地区の今安の杜は明らかに生活用水の湧き出る水源近くに祭られていることが確認された。

その井戸は、昭和四〇年代に大島に上水道が普及するまでは、近隣の一五軒の家々が共同で利用してきたものであった。水はいまでも湧き続けて池になっており、少しずつ流れ出ている。その他にも屋敷近くで井戸の近くに祭られている杜の例は、河村地区の脇城の杜である。また、清水の前の杜は、橋本鉄男の調査の時点ではその前の畑に古井戸があったことが確認されている。そして、この清水の杜の場所から河村地区の東の集落へと下っ

日角浜地区の大谷の杜。タブノキとその根元からの湧水と供物（2019年11月）

河村地区の脇城の杜。手前が井戸（1976年）

ていく谷筋の西側の山裾に祭られている二事例の杜も、谷筋の水の流れに沿って立地しており、地元の人の証言からもたしかに谷筋の水の流れに沿っているとのことである。それは農業用水というよりは生活用水としてのものであったと考えられる。

このようにニソの杜の祭地というのは水源への祭祀が基本にあった。その水源には農業用水と生活用水という二つがあり、それにともなってニソの杜の立地にも二つのタイプがある、というのが関沢氏の結論であった（関沢・二〇二〇）。この水源に祭られている神という着眼は重要である。それは、第四章でも紹介した出雲大社の真名井遺跡や、京都の貴船神社や松尾大社や日吉山王権現や石清水八幡宮をはじめ、日本の神社の立地の上での一つの基準となっているという一定の普遍性を指摘できる点なのである。それこそが、稲作民としての長い歴史をつないできた日本人にとっての「古形」を民俗伝承の中に伝えている伝承事実なのである。

ニソの杜の神　では、ニソの杜の神とはどんな神なのか。その問題についての最終的な結論は、自然の霊威力、あるいは自然の霊威力という神である、という結論である。若狭大島の人たちがその生活の中で、畏れ、敬い、祈り、感謝をささげた杜に宿ると考えられてきた、水田と稲米の稔りをもたらしてくれる神である。水源の神であり、田と稲の守り神であり、人びとの生活を食糧の上で支えてくれている神である。その水源と聖樹に表象されている自然の霊威力がその神の基本であり、土地の神や、先祖の神や、その他、荒神や大聖権現などというのは伝承の過程でそれぞれ与えられた解釈であり、パソコンデータにたとえていえば、その上書きデータの例である。

（4）氏神の島山明神と地区ごとの小社とニソの杜

以上をふまえた上で、あらためてこの大島の神社と小社とニソの杜の関係について整理してみる。大島全体の氏神とされているのは日角浜にある島山明神である。古くは六所明神と呼ばれており、明治四四（一九一一）年一〇月に島山明神と改称されたという。その直前の同年六月には、宮留に祭られていた八幡社がこの島山明神に合祀されている。境内には末社の稲荷社、恵比寿社、厳島社のほか、余永神社が祭られている。余永神社はもと宮留よりさらに東端の赤礁碕にあった影長神社がここに移ってきたものと大谷信雄は「島山私考」に記している。しかし、史実は不明である。

祭り手と祭日　氏神の島山明神には八軒のネギと呼ばれる家があり、島山明神系の四軒と八幡社系の四軒である。そのネギが中心となって、大島全体の宮留・脇今安・畑村・日角浜・河村・西村・浦底の七つの集落が参加するのが、春秋二回の彼岸、秋の例大祭(一〇月二〇日)、新嘗祭(一二月一〇日)の四回である。それ以外の祭りがコマツリと呼ばれている七つの祭りである。いずれも旧暦の元日、正月一〇日、三月三日、五月五日、七月七日、九月九日、霜月一〇日に行なわれている。これら七つのコマツリは、ネギも含めて一八軒が祭り手となって二軒一組で一年交代の輪番で祭っている。いずれもその供物を奉納するための稲米を作る祭り田が定まっているというのがそれぞれの基本であった。

現在はもう混乱しているが島山明神系の四軒のネギは旧七月七日のコマツリを担ってきており、その四軒が名義上で所有している四つの祭り田を一年交代で耕作していた。ただ、八幡社系のネギの四軒についてはすでに古い情報を確認できない状況である。それ以外の、宮留の諏訪社は旧東村(宮留・脇今安・畑村・日角浜)の長百姓といわれた六軒が祭っていて祭日は旧七月一八日であった。日角浜の沖合にある冠者島の弁財天社は河村の長百姓といわれた四軒が祭っていて祭日は旧六月一五日であった。浦底の白山社は浦底の五軒で一一月五日と大晦日に祭っている。

供物　供物からいえば、島山明神と八幡社と余永神社の大祭の正月、九月、霜月の祭祀では餅とシロモチであり、島山明神のコマツリの三月、五月、七月の節供ではアカメシである。冠者島弁財天と諏訪社と白山社もアカメシである。ニソの杜の供物がアカメシ（小豆飯）とシロモチ（粢）であるのに対して、島山明神では大祭ではシロモチに餅が加わっており、コマツリではアカメシとなっている。

（5）ニソの杜は小社や氏神と連結しておりもっとも素朴な神祭りの姿を伝えている

以上のような、この大島の神社や小社やニソの杜の祭り方を整理してみて指摘できることは、以下の三点である。

① 祭り手については、ニソの杜が個人ごとに自主的で独立的であるのに対して、島山明神や八幡社ではネギという特定の職分ができており、彼らが祭り手の中心となっている。しかし、大祭やコマツリという年間で数の多い祭りでは一八軒の祭り手も参加している。諏訪社や弁財天社では特定の長百姓が祭り手となっている。つまり、氏神や小社では祭り手の職分化と特権化とがみられる。

② 供物については、ニソの杜がアカメシとシロモチを基本としているのに対して、島山明神や八幡社や余永神社では大祭ではシロモチも残しているが餅が主要な供物となっている。島山明神でもコマツリではアカメシであり、諏訪社や弁財天社や白山社でもアカメシである。つまり、ニソの杜では素朴な供物のアカメシとシロモチであるのに対して、島山

明神や八幡社や余永神社の大祭では新たな供物として餅が加わってきている。

③　祭日については、ニソの杜は旧暦霜月二二日、二三日の冬至の時季に近い大師講や大嘗祭に当たる日だが、島山明神と八幡社の大祭は霜月以外にも正月と九月を加えて年に三回であり、余永神社と白山社とはニソの杜の祭日にも似て霜月の冬至の日近くである。

島山明神の正月の供物。丸い餅の上にコウサと呼ぶ四角の餅を重ね、その上にシロモチを載せる

　つまり、これらから指摘できる結論とは、新穀の収穫感謝の新嘗《にえ》の祭りとしての伝承の基本は、ニソの杜の祭祀に伝えられているということである。一方、氏神とされている島山明神の祭祀では制度的に整備された形式が伝えられている。そして小社の諏訪社や白山社や弁財天社の祭祀では、その整備の過程の中間的な祭祀の形式が伝えられている、ということである。ニソの杜の祭祀は孤立した祭祀ではなく、それこそが素朴な段階での稲作の祭りの基本を伝えているのであり、長い歴史の積み重ねの中で、その延長線上に郷村の小社や氏神の祭祀が展開している、と位置づけること

とができるのである。

このニソの杜の神は素朴な神であり、水源とタブノキの巨木とツバキや椎の木などの樹林をめじるしに祭られている神であり、小さな祠はあとから追加されたものである。その基本は稲作の収穫感謝のための神である。それに加えてこの若狭大島では、八幡社や諏訪社や白山社や弁天社や余永神社、さらには島山明神が世代を積む中で重層的な様相でもって祭られてきているものと推察される。この若狭大島という小さな世界では、ニソの杜のような小さな神から中くらいの白山社や諏訪社の神、そしてやや大きな八幡社や島山明神という氏神まで、それらが併存しながら、素朴から発展へという神社の歴史の変遷の段階差を示しているといってよいだろう。

ただし、ニソの杜の素朴さは単なる素朴さではなく、神祭りの基本的な部分が機能しながらしっかりと保存伝承されているのである。古く素朴というのは、過去の残存ということではなく、現在も伝承されている古く素朴な機能を伝えている神祭りであるという意味である。

第一〇章　神社と鳥居

——鳥居とは何か

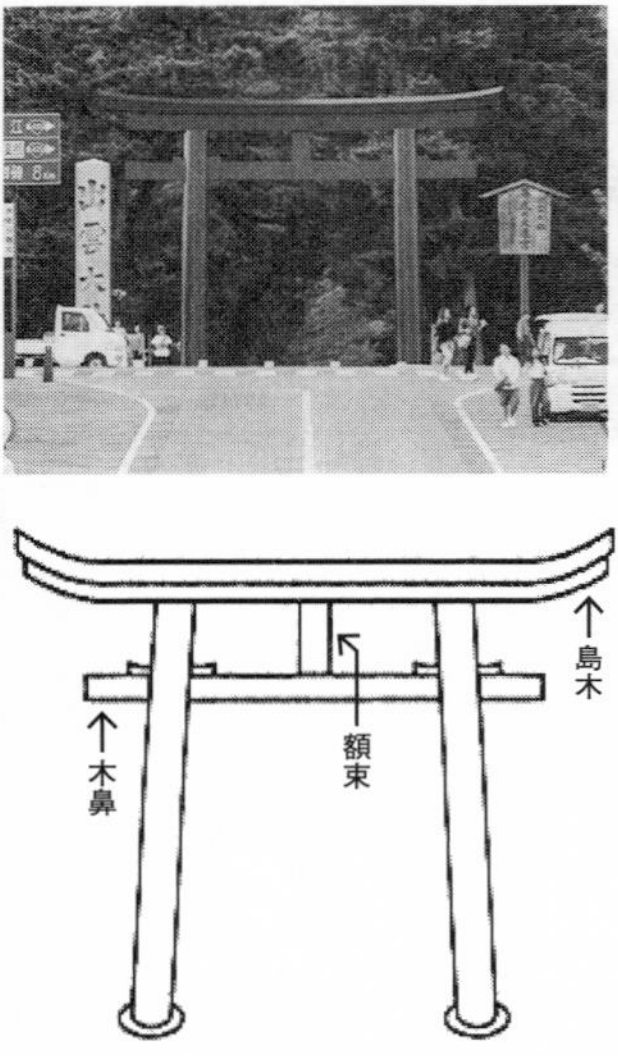

出雲大社

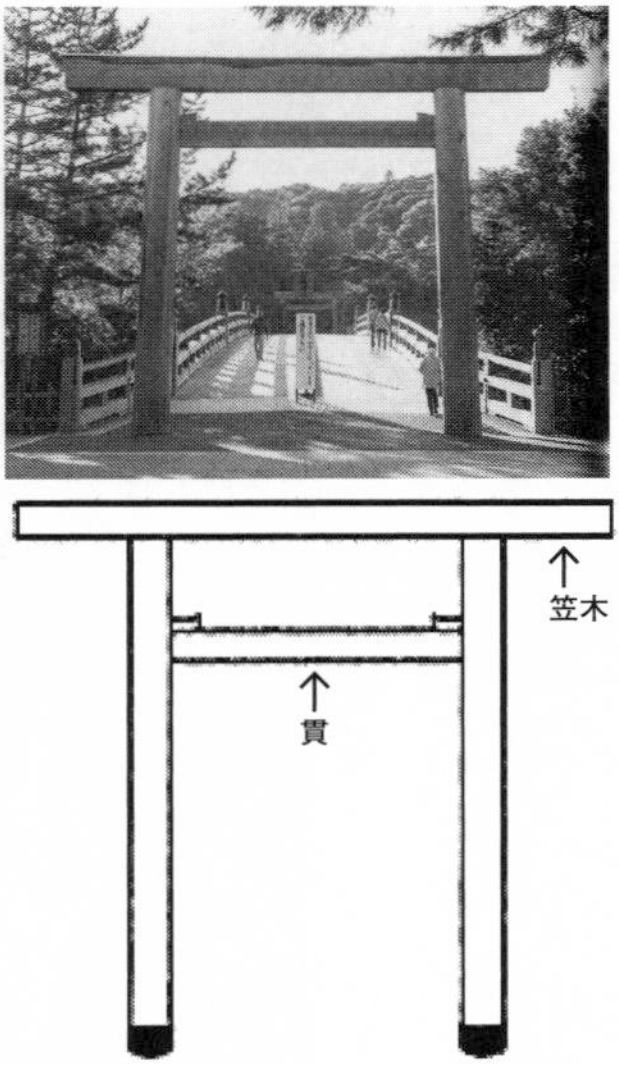

伊勢神宮

本書の叙述を終えるに当たって、日本の神社のことを紹介してきた中で、最後に一つ、これまでふれてこなかった鳥居のことについて説明しておくことにしよう。

鳥居と山門　神社といえば鳥居である。寺院といえば山門である。このちがいは神社と寺院のちがいをよくあらわしている。寺院は、病院や学院や修道院などと同じく院の一種であり、壁囲いなどで周囲を囲い、一定の領域を主張する。それは世俗の世界から隔離した特別な場所であるという意味を発信しているものである。したがって、その独自の領域を

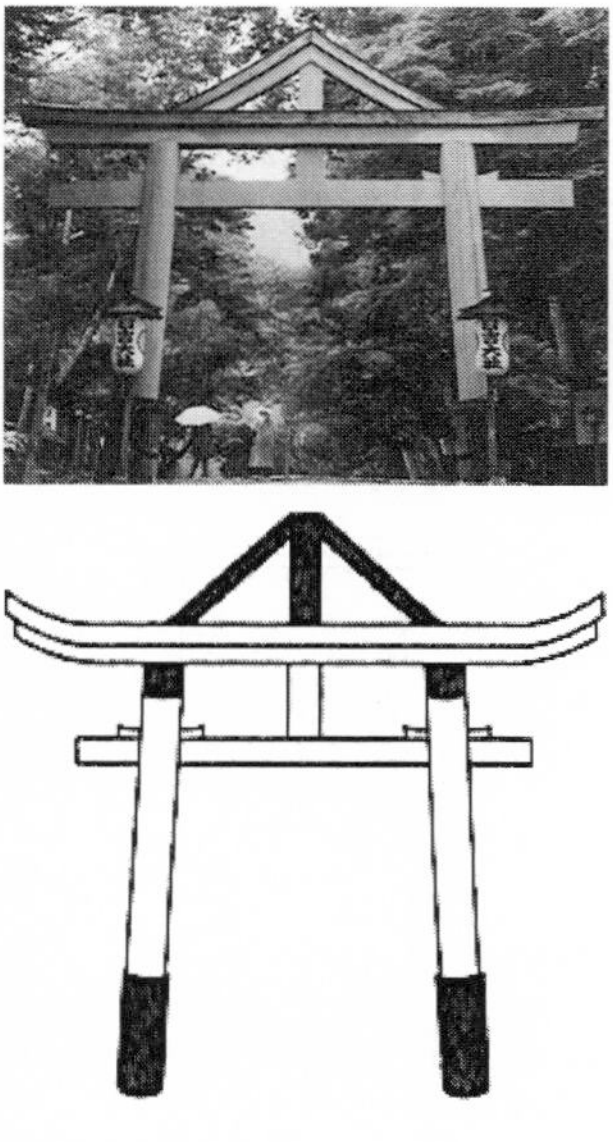

日吉山王権現

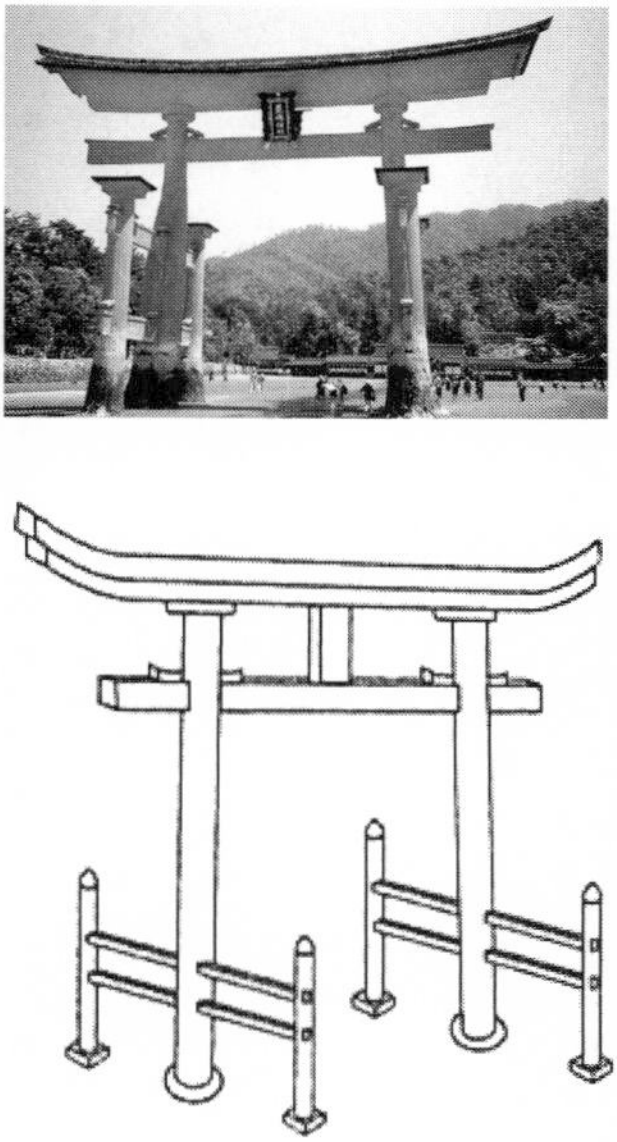

厳島神社

主張する寺院には、入門と出門という言葉も生まれている。禅宗寺院では、禁葷酒《くんしゅ》入山門、不許葷酒入山門、などと書かれた石碑もよく見かけられる。

　鳥居は、それとはまったく異なるものである。伊勢神宮や出雲大社や春日社など、神門があり神域の周囲に垣が廻らされているのは、仏教建築の影響による新しい様式であり、本来のかたちではない。むしろ、祇園八坂神社や厳島神社のように神域が開放的で門構えのない神社の方が古いかたちを伝えている。日本各地の多くの神社がそうであるように、村の氏神や鎮守の神社には必ず鳥居はあるが、山門はない。自然の中の森や杜に祭られていて開放的で周囲には特別に囲い込む塀などはないのである。

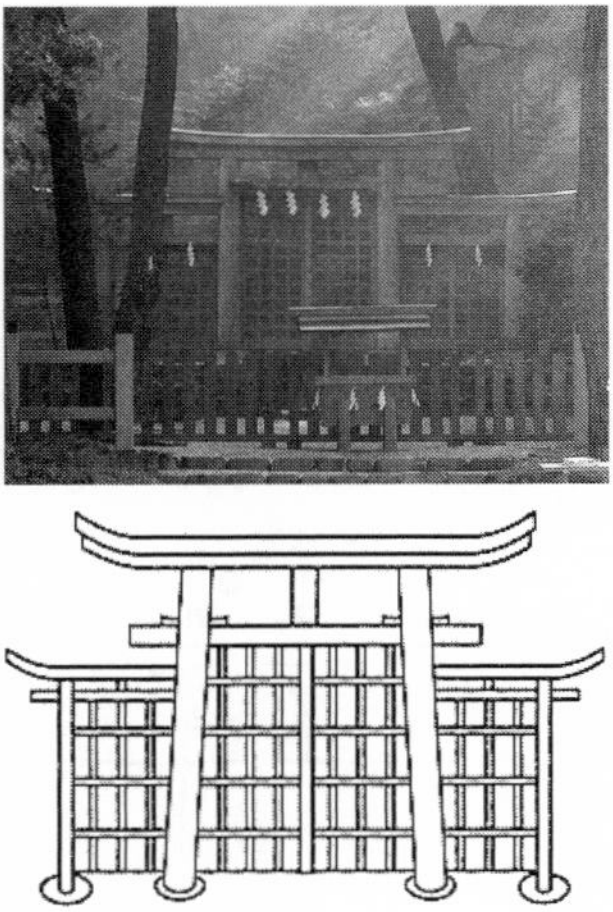
大神神社

鳥居の三類型　鳥居は門ではない。では鳥居とは何か、それを考える上では具体的な鳥居の実際を観察するのが第一の方法である。そこで、これまでの研究を参考にしながらあらためて整理してみる。すると、

① 伊勢神宮の鳥居のように、上部の笠木《かさぎ》に反り増しがなく水平で、笠木の下部の島木《しまぎ》もなく、貫《ぬき》が両方の真柱の内側までで木鼻《きばな》が出ていない単純な形、およびその類例。

② 出雲大社の鳥居のように、上部の笠木に反り増しがあり、笠木の下部に島木があり、島木と貫のあいだに額束《がくづか》があり、貫が両方の真柱の外側まで伸びて木鼻がある形、およびその類例。これが日本各地でもっとも多くみられる形である。

③ 厳島神社の鳥居のように、笠木に反り増しがあり、島木があり、額束があり、貫が柱の外側まで伸びて木鼻がある、そして、二本の両方の真柱を支えるようにその前後に脇貫《わきぬき》

もある脇柱が付けてある形、およびその類例。
この①②③が、基本的な鳥居の形であり、笠木の上部に三角形の装飾を付ける日吉山王権現系の鳥居や、大神神社の三つ鳥居はあくまでも特殊な変化形と位置づけられる。ただし、このような整理の案は、鳥居の多様な形態の整理と説明であり、鳥居とは何かという問題を読み解くものではない。

考古学が読み解く鳥居　鳥居とは何か、それについては考古学の金関恕《かなせきひろし》の説が有力な説として提示されている（金関・一九八二）。金関は大阪府和泉《いずみ》市の池上《いけがみ》遺跡出土の六個の鳥型木製品についての考察から、広く東アジア考古学についての該博な知識を駆使しつつ、杵頭《しょとう》に木の鳥をつけて祭場に立てる鳥杵習俗の存在を想定して、それが初期的な農耕社会の祭儀のかたちであったと論じている。その金関の視点は、飛翔する鳥という点に集中しており、そこから死者の霊を送る運搬者と、神霊の来臨の運搬者という両者を想定している点にその特徴がある。
それはたいへん貴重な考古学からの視点であると考えるが、ただしここで提示してみるのは民俗学、民俗伝承学からのもう一つの視点である。その民俗学の視点は、民俗伝承の読み解きを中心とするものである。それは、御鳥喰神事のような野生の鳥がやってきて供物を啄《つい》ばむことを期待している習俗である（新谷・一九八七）。それは、考古学の金関がいうような、現世から他界へと飛翔して飛び立つ鳥というのではなく、野生の鳥がやってきて供物を啄ばむ習俗である。つまり、鳥居は飛び立つ鳥のためのものではなく、飛び来る鳥のためのものであるというのがここでの見解である。考古学がいうところの、東アジアに分布するという鳥杵習俗が、日本の神社の鳥居とどのように関係するのかは、民俗学と考古学の今後の検討課題であろう。しかし、現時点では御鳥喰の民俗伝承から神社の鳥居の意味を論じておくことが、一つの手順であろう。

大阪府和泉市の池上遺跡出土の鳥型木製品

民俗学が考えてみる鳥居

そこで、鳥居とは何か、を考える上で、ここで注目してみるのは現実の日本の神祭りの現場である。その神社の現場での神祭りと鳥との関係である。まず注意されるのが、第九章で紹介した若狭大島のニソの杜のカラスグチの伝承である。そのカラスグチの伝承とは、河村地区の清水の前の杜やハゼの杜などの事例にみられるよう

河村のハゼの杜（写真奥）とカラスグチ（手前）

宮留の上野の杜のカラスグチの御幣と供物

に、ニソの杜の小祠の近くで、それとは別に、供物のアカメシとシロモチを同じく供える祭り方である。カラスなどがその供物を早く食べればよいと言い伝えている。それがいまも設けられているのは、七事例であるが、供物をカラスや野犬などに食べられるのをオトがアガルといって喜ぶといっている。ニソの杜で祭る神に供物を快く受け取ってもらえたかどうかを気にする神祭りの古い意識がそこにはうかがえるのであり、旧暦霜月二三日の朝のうちにオトがアガッた例を筆者は何度か実見している。

カラスグチと御鳥喰　そのカラスグチの伝承には、杜の神からの神意をうかがうという意味が込められている。拍手も打たない、唱え事もない、ただ慎み深いかたちでの神へのお供えである。そのお供えを受けてもらえるかどうか、ぶじにオトがアガれば、神さまに受けてもらえたと安堵し喜ぶ、という参り方である。

この方式は、広く日本各地の神社の神事や祭礼で伝承されているものであり、安芸の厳島神社の御島廻り式と御鳥喰神事や、尾張の熱田神宮の御田《みた》神社の烏喰《からすぐ》いの神事、近江の多賀大社の先食台《せんじきだい》をはじめ数多くの事例が伝えられている。そして、神社に限らず家ごとの年中行事として伝えられている例も、御鳥喰とか烏勧請《からすかんじょう》などと呼ばれて、東北地方から九州地方にまで昭和三〇年代までは広く多く伝えられてきていた。筆者がかつて収集した報告事例情報は一六九事例であった（新谷・一九八七）。実際にはもちろん日本各地でそれ以上に多く伝承されていたものであり、祭る人間が神にその祭りを受けてもらえるかどうか、を知りたいという願いがそのような祭り方をはじめた動機であろう。ニソの杜のカラスグチもそのような事例の一つと位置づけられる。

カラスグチと御鳥喰、そして鳥居　そこで、かつての御鳥喰習俗や御鳥喰神事の調査と研究を思い出しながら、若狭大島のニソの杜の調査の際に、あらためて着想されたのが、鳥居の起源についての仮説である。それは、大島の氏神である島山明神や宮留地区の諏訪社の鳥居にもシロモチが供えられていたのをこの目で見たときの着想である。ニソの杜の祭りでは、巨大なタブノキの根元や小祠に供えられるアカメシとシロモチと同じように、カラスグチにもアカメシとシロモチを供えて、オトがアガルのを期待するが、それと同じことが島山明神の祭りでも、諏訪社の祭りでも行なわれているのである。それは、厳島神社や熱田神宮や多賀大社の御鳥喰神事に共通するものである。

つまり、鳥居とは、このようなカラスグチが発展し成長したものであろうというのがここでの仮説である。逆にいえば、安芸の宮島は巨大なニソの杜でもある、という神祇祭祀の構造の上での共通点が浮上してくるのである。

厳島神社の御鳥喰神事で神鳥（ゴガラス）による鳥喰がアガッた瞬間。摂社の養父崎神社の前の海上で
国立歴史民俗博物館展示図録『日本の神々の祭り』より

ニソの杜のような素朴な聖地の信仰とカラスグチという装置の設営が、天然の神の祭りに際して施しておきたかった段階の人びとの感覚や観念をあらわしていたのであったのに対して、文明化や文化化の洗練の過程を通して、社殿の造営が建築工芸的にも発展していった中で、現行の神社の形式としての「鳥居と本殿」というかたちとなっているといってよいのである。

そうしてみると、ニソの杜の祭りは、原初的な神祭りの方式を伝えているものといってよいであろう。そして、安芸の宮島も、荘厳華麗な神社としての歴史を歩みながらも、神祇祭祀の構造の上での基本的な要素を守り伝承してきている神社であるといってよいであろう。

鳥居というのは、自然の中に存在していると考えられた神々が、眼前の樹叢の杜や磐座や禁足地や社殿に祭られているのに対して、人間がその祭りをしたいと考えるときに、神々にその祭りを受け入れてもらえるかどうか、を確かめたい、という思いから設けられたものではないか。絶大な自然の霊威力である神々に対して、少しでも接近したいと考えた人間が、まずは自分の供物をささげてそれを受けとってもらえるかどうかを確かめるために設けた装置であるということである。

その原初的なかたちが、若狭大島のニソの杜の祭りにおける、カラスグチという供え方に残って伝えられているのであり、諏訪社や島山明神の鳥居への供物のしかたにも残っているということである。日本各地の神社の鳥居は、その原初が忘れられながらも、神社の象徴物として広く残っているものと考えられるのである。

おわりに――神社とは何か

神社とは何かという問いに対する本書の答えを、ここで簡潔に示しておきます。

自然界の生命力を神として信仰し迎え祭る場

神社とは文字通りにいえば神の社のことです。神を祭る建築物です。では神とは何か、社とは何か。神とは、人間が生活している自然界の生命力のことです。天空の太陽や月星や大地の山野河海の恵みと脅威です。自然界の恵みと脅威に対する敬いと畏れがその基本です。その自然の生命力を畏れ敬うために、人びとが設営し祈りと祭りをささげてきているのが神の社です。社とは屋代のことであり、自然界の生命力を神として信仰し迎え祭るその場所と建物のことです。

死の発見と霊魂観念・他界観念の発生

霊長類の研究者によると、人類と他の霊長類との決定的なちがいは、それぞれの進化の過程で、死を発見しているか否かだといいます。死の発見は、霊魂観念と他界観念の発生、つまり、宗教の誕生を意味しました。アフリカ大陸で発掘されるおよそ三万七〇〇〇年から三万五〇〇〇年前の化石人骨には赤色顔料が塗られていたり装身具がつけられていたりして、彼らはすでに死を発見していた段階にあったことがわかります。死を発見してしまった私たちの先祖ホモ・サピエンスは肯定しようが否定しようが、自然の霊威力と人間の霊魂というものを考えざるをえない種となってしまったのです。

地球上のあらゆる人間の社会で、それぞれの成員たちの間で共有されている霊魂観や他界観をあらわすような何らかの装置が必ずあるのはそのためです。キリスト教の教会やイスラム教のモスク、仏教やヒンドゥー教の寺院や、道教や儒教の霊廟、その他の聖地や聖樹や聖水や聖石などさまざまに聖別された禁忌の場所や装置のたぐいが世界各地の人間社会には存在しています。

そのような人類史の中で日本の歴史と文化が培ってきたのが天神地祇という神の観念と、それを祭る神社という装置です。それはあらゆるホモ・サピエンスの社会がもっている霊魂観念と他界観念の表現の仕方の日本的なものなのです。古代の文献によれば、天神地祇と呼んで祭られているのは霊的存在です。天神は稲の王である天皇が祭っている神です。地祇は土着の首長が祭っている神です。天つ神と国つ神ともいい、伊勢神宮の天照大神は天神、天つ神です。出雲大社の大己貴神は地祇、国つ神です。

磐座祭祀・水源祭祀

その稲の王である天皇の系譜につながる王権が、前方後円墳をその表象とする倭国の王権連合を形成したのは三世紀半ば、邪馬台国のころでした。その前史としては、紀元前一〇世紀後半に北部九州の平野部で始まった水田稲作が、日本列島ではなかなか定着せず、約六五〇年もの長い年月をかけての東漸運動ののち、前三世紀ころになってようやく関東地方にまで普及し定着したという歴史がありました。そして、その稲作の定着とそれに不可欠な水源祭祀と灌漑水利と自然界の霊威力への畏怖と信仰が、日本の神社の祭祀の原点にはあったのです。

現在にまでつながるもっとも古い日本の神社祭祀の例は、出雲大社の境内近くの命主社の真名井遺跡から出土した弥生時代中期の武器型青銅器と翡翠の勾玉があらわしている磐座祭祀であり水源祭祀であったと考えられます。その弥生時代中期の遺跡からわかる磐座祭祀と水源祭祀という方式は、古墳時代の三輪山山麓の祭祀遺跡からみて、四世紀後半から六世紀ころまで継続していたことがわかっています。

その磐座祭祀と水源祭祀はさらに、八世紀末に造営された平安京を取り巻く賀茂川上流の貴船神社や、桂川に沿う松尾大社や、琵琶湖の湖水へとつながる八王子山麓の日吉山王権現の場合にも見出されます。そして、それら山城国と近江国と大和国から流れくる三つの大川、桂川・宇治川・木津川の合流地点の男山に九世紀に勧請された石清水八幡宮の場合にも認められます。その磐座祭祀と水源祭祀が、広く日本各地で現在にまで伝承されている神社の立地の基本的なかたちの一つなのです。

禁足地祭祀

一方、玄界灘に浮かぶ宗像沖ノ島の祭祀遺跡の場合でも、奈良盆地を見おろす三輪山祭祀遺跡でも、六世紀から七世紀には古い磐座祭祀のかたちから新たな禁足地祭祀のかたちへという祭り方の変化がみられました。その禁足地祭祀という方式は、その後、伊勢神宮の遷宮や、石上神宮の祭祀、上賀茂神社のみあれ神事、信州の上下両諏訪大社の六年ごとの御柱祭という祭祀などを通して現在にまで伝えられています。

神社の本殿

しかし、やはり神社といえば、視覚的に本殿や拝殿などの神社建築が重要です。それがいつからどのようにして、歴史の中で生まれてきたのかという点については、次の三つの点が明らかとなりました。

（1）もともと古代の豪族居館に由来する本殿の屋根に千木と鰹木をそなえる伊勢神宮の神明造や、出雲大社の大社造、そして住吉大社の住吉造が神社建築としては古いかたちでした。それがやや変化した小型のものが春日社の春日造です。その後は、そのような屋根に千木と鰹木をそなえる本殿の形式はみられなくなります。

（2）神社の本殿の形式には、非住居型で祭員非参入型の本殿と、住居型で祭員参入型の本殿との二つのタイプがあります。前者の非住居型で祭員非参入型の典型例が伊勢神宮の神明造です。それに対して、住居型で祭員参入型の典型例が出雲大社の大社造です。非住居型で祭員非参入型の例としては伊勢神宮のほかに春日社の春日造がありますが、それらは本殿を神の専有空間とする特殊なものであり、その類例は少ないのが現実です。それに対して、後者の住居型で祭員参入型は、出雲大社のほかにも住吉大社や上賀茂神社と下鴨神社や石清水八幡宮をはじめとして、その類例はたいへん多いというのが現状です。

（3）奈良時代から平安時代初期には屋根に千木や鰹木はなく、切妻造・平入の身舎の正面に庇を付けてその庇に向けて正面側の屋根を伸ばしたかたちの流造が広く普及してきました。その最初期の例は平安京の上賀茂神社や下鴨神社の本殿でした。その流造では、側面からみると屋根が「へ」の字のかたちになっており、雨除けのための正面の庇の下には高床式の身舎に登るための階段、木階《きざはし》が造られています。それは、木階の下から本殿の祭神に拝礼するためです。つまり、多くの参拝者が本殿にまで昇殿し参入することなく、木階の下から本殿の祭神に向かって拝礼できるという形式なのです。そうしたところから、中世、近世の神社建築ではこの流造の本殿が普及していきました。

ですから、いまでも日本各地でもっとも目にする機会が多いのが、この流造の建築様式の神社本殿なのです。現在ではほぼ六割以上がこの流造となっています。神社にとってもっとも大切な祭神というのは、それぞれの神社によってさまざまでご利益や霊験もさまざまなのですが、神社の本殿とは何か、その歴史は、といえば、以上の（1）（2）（3）の三点が特徴だといってよいでしょう。

神霊と精霊

日本の歴史と文化の中に伝えられている日本人の神の観念には、尊い存在としての神への信仰とともに、迷惑な恐ろしい霊物として警戒すべき神がありました。それは自然の動植鉱物の中に宿っていて、時にそこから離れて人間に接近しようとする精霊のたぐいです。私たちが避けているにもかかわらず、あちらから近寄ってきて、それらと接触すると人間はいろいろな災いを受ける、そういう迷惑な存在です。つまり、高級な神霊と低級な雑霊とがあること、高級な神霊の祭りの場でも、そこには必ず低級な雑霊や邪霊のたぐいが近寄ってきていて、人間に障《さわ》り災いをおこす危険があること、を感じ分けていました。だから、神霊の祭りの場でも同時に雑霊たちにもホガウ（乞う・祝う）またホカウ（乞い・祝い）をするという習慣がありました。

身近な例では神社や寺院でチャリンと投げ込む賽銭の習俗もそのような日本人の霊魂観をあらわしています。その賽銭の習俗は、神事の中の散米の作法にも通じるものです。ただし、自然界の動植鉱物の中に宿っているのはときどき浮遊してくる迷惑な恐ろしい忌避したいような霊物だけでなく、それと同時にふしぎに霊妙な威力をもつ霊物、つまりある意味でご利益のあるような霊物も宿っていると感じられてきました。

人間のまわりにいる霊的な存在には、高級な神霊と低級な雑霊とがあるが、それらはあまりはっきりとは分別できないという感覚が古くから伝えられていました。自然界の造形である巨大な磐座や異様な聖樹や叢林などの特定の場所や事物に対して、それを聖化されたものとして禁忌の対象として畏れ敬うという信仰もありました。若狭大島のニソの杜、薩摩・大隅のモイドン、中国山地の荒神森などのたぐいもそれです。そのような自然物への信仰も、有名で立派な社殿で知られる大きな神社の信仰に通底するものでした。

古代以来の歴史の古い磐座祭祀や水源祭祀、またその後の禁足地祭祀、そして社殿祭祀を含めて、日本各地の郷村や町場や都市の中に祭られている大小さまざまな素朴な社祠や石神や杜や聖樹・聖石などへの信仰にいたるまで、それらはすべて信仰の構造という面から考えてみれば、日本の神社の信仰と祭祀に共通しているものなのです。日本の神社とは、人びとの天然自然の中に想定されてきている神霊と精霊とへの畏敬と信仰という素朴な原点から文化的な発展をたどって立派な造形へと至っている、私たちの眼前の多様性の中に通底しているものなのです。

あとがき

本書の刊行に向けての出発点は、今から思えばはるかむかしのこと、二〇〇〇年度の科学研究費による研究プロジェクト「神社資料の多面性に関する総合的研究」の採択でした。そして、その申請書類を準備していた段階から進めていた国立歴史民俗博物館の基幹研究「神仏信仰に関する通史的研究」と、それを基礎として数年後に実現した企画展示「日本の神々と祭り――神社とは何か？」（二〇〇六年三月―五月）の開催でした。

神社に関する研究については、戦前の国家神道、戦後のＧＨＱによる神道指令などの複雑な歴史があり、科学研究費による研究の申請については誰もがその可能性について否定的でした。しかし、民俗伝承、伝承文化の研究を専門とする自分としては、日本の歴史と文化を研究する上で、神社という存在を抜きにしては考えられないという思いがありました。なぜなら、神社とは、信仰や宗教という精神的な面での歴史的文化的施設であると同時に、それだけではなくその立地や環境からは環境保存機能や公園的機能、自然動植物園的機能、また、建築構造物の維持の上では建築工芸技能の保存伝承機能、美術工芸品や古文書・古記録の所蔵と保存の上では美術館・博物館・図書館・研究機関などの諸機能、伝統的な祭礼からは儀礼や芸能の保存伝承機能、さらには観光資源としての機能など、きわめて多面的な機能を有する豊かな文化的有機的構造物であるという視点に立っていたからでした。

歴史の歩みの中から生まれてきている日本の神社についての固定化した理解や誤解を一度解きほぐしてみて、そもそも神社とは何かという観点から、それが貴重な文化的有機的構造物であるというその視点をぜひとも広く共有していただきたいと考えました。幸いにも、科研に採択され、国立歴史民俗博物館の共同研究でも、その視点に立って歴史学・考古学・民俗学をはじめ、建築工芸史、植生景観史などさまざまな専門分野の第一線の研究者が参加する学際的な共同研究の一員に加わることができました。

それ以来、数えきれないほど多くのみなさま方のご理解とご指導とご協力をいただいて、そのおかげをもって今日までまがりなりにも神社関係の研究を自分としても続けてくることができました。その間に不十分な内容ながら、そのときどきの精一杯の研究成果のまとめとして、『伊勢神宮と出雲大社』(二〇〇九)、『伊勢神宮と三種の神器』(二〇一三)、『氏神さまと鎮守さま』(二〇一七)を講談社選書メチエから、『神道入門』(二〇一八)をちくま新書から、『神社の起源と歴史』(二〇二一)を吉川弘文館から、刊行していただくことができました。そして、あの科研費の採択から二一年、まだまだ未熟ではありますすが、神社研究の一区切りという意味で、本書の刊行を実現していただくことができました。

そのような自分の気持ちをこのたび後押ししてもらえたと思っているのは、一九六四年の野間省一氏による講談社現代新書の「刊行にあたって」の言葉でした。知識や教養は一部の専門家の占有物ではない、それを希求する青少年・学生をはじめとする多くの人びとの疑問や興味に対して、十分に解きほぐされ、手引きされることが必要である、そのような書物として新書を世に送り出したい、という言葉です。そのようなことをめざす新書ということで、それなら専門的な事柄をできるだけわかりやすく読み解いてみながら、多くの読者のみなさまに理解していただけるように、と努めてみました。それが実現できているかどうかは、自分では自信がありません。ただ読者のみなさま方のご判断に委ねるしかないと思っています。

研究というしごとは決して一人でできるものではありません。どれだけたくさんのみなさまにご面倒、ご迷惑をおかけしてきたことか、それにもかかわらずお世話になりいろいろと教えをいただき、支えていただいてなんとか今日までくることができました。本書の刊行にあたり、これまで二〇年以上の長きにわたって、神社関係、社会関係、出版関係、学術関係で、貴重なご教示、ご理解、ご指導、ご協力をいただいた多くのみなさま方のことは、お一人お一人決して忘れることはありません。お名前をしっかりと記憶にとどめながら、心からあつく感謝申し上げております。ほんとうにありがとうございました。

そのような思いの中で、このたびどうしてもお一人だけ、個人名をあげさせていただきたいのは、講談社の山崎比呂志さんです。一九九七年の「貨幣とは何か」というテーマのときから、二〇〇九年の『伊勢神宮と出雲大社』の刊行も経る中で、すでに約二五年にも及ぶ長いあいだお世話になってきています。そのあいだ遅々として作業の進まぬ私を陰に陽に叱咤激励してもらいました。そして、とくに本書の刊行にあたっては専門家の私に向けて構成や解説の上でずいぶんとダメ出しをしてもらいました（笑）。いずれもベテラン編集者の矜持が感じられる貴重なダメ出しでした。私も自己確認、自己革新の上でかえって心地よく爽快でもありました。それらのおかげでなんとか刊行にこぎつけることができてよかったです。ありがとうございました。

二〇二一年一〇月

東京郊外多摩の寓居にて

新谷 尚紀

参考文献

第一章

折口信夫 1929「民間信仰と神社と」『神道講座』第二冊、神道攷究會（『折口信夫全集』二〇巻、中央公論社）
折口信夫 1950「神々と民俗」神宮司庁講演筆記（『瑞垣』16号一九五四・『折口信夫全集』二〇巻、中央公論社）
海部陽介 2005『人類がたどってきた道』日本放送出版協会
新谷尚紀 2021『神社の歴史と起源』吉川弘文館
新谷尚紀・関沢まゆみ 2008『ブルターニュのパルドン祭り――日本民俗学のフランス調査』悠書館
水原洋城 1988『猿学漫才』光文社

第二章

石野博信 2001『邪馬台国の考古学』吉川弘文館
2008『邪馬台国の候補地』新泉社
長田夏樹 2010『新稿邪馬台国の言語』学生社
小田富士男編 1988『古代を考える　沖ノ島と古代祭祀』吉川弘文館
小池香津江 1997「三輪山周辺の祭祀遺跡」『神奈備　大神　三輪明神』東方出版
寺沢　薫 1988「三輪山の祭祀遺跡とそのマツリ」『大神と石上』筑摩書房
橋本輝彦 2011「纏向遺跡発掘の成果」『邪馬台国と纏向遺跡』学生社
宗像神社復興期成会編 1961『続沖ノ島』吉川弘文館
和田　萃編 1998『大神と石上』筑摩書房

第三章

石野浩司 2012「朔旦冬至と「神宮式年遷宮」立制論」『神宮と日本文化』皇學館大学
榎村寛之 1997「伊勢神宮の建築と儀礼」『古代の日本と渡来の文化』学生社
加茂町教育委員会 1997『加茂岩倉遺跡発掘調査概報1』
黒田龍二 1994「神のやしろの曙」『原始の造形　日本美術全集1』講談社
国立歴史民俗博物館編 2006『日本の神々と祭り――神社とは何か?』国立歴史民俗博物館
小堀邦夫 2011『伊勢神宮のこころ、式年遷宮の意味』淡交社
桜井勝之進 1969『伊勢神宮』学生社
島根県教育委員会・朝日新聞社編 1997『古代出雲文化展』
島根県教育委員会・島根県埋蔵文化財調査センター・島根県古代文化センター編
2004『青銅器の同笵関係調査報告書Ⅰ』
2002『青銅器埋納地調査報告書Ⅰ』
2006『青銅器埋納地調査報告書Ⅱ』
清水みき 1983「湯舟坂2号墳出土環頭太刀の文献的考察」『湯舟坂2号墳』久美浜町教育委員会
新谷尚紀 2000『神々の原像――祭祀の小宇宙』吉川弘文館
2009『伊勢神宮と出雲大社――「日本」と「天皇」の誕生』講談社選書メチエ
2013『伊勢神宮と三種の神器――古代日本の祭祀と天皇』講談社選書メチエ
2020『伊勢神宮と出雲大社――「日本」と「天皇」の誕生』講談社学術文庫
大社町教育委員会 2004『出雲大社境内遺跡』大社町教育委員会
田中　卓 1985『伊勢神宮の創祀と発展』神宮司庁教導部（『田中卓著作集』4、国書刊行会）
遠山美都男編 2004『日本書紀の読み方』講談社現代新書

所　功 1993『伊勢神宮』講談社学術文庫
藤谷俊雄・直木孝次郎 1960『伊勢神宮』三一新書
三浦正幸 2013『神社の本殿』吉川弘文館
牟禮　仁 1999『大嘗・遷宮と聖なるもの』皇學館大学出版部
森　博達 1999『日本書紀の謎を解く』中公新書
山中　章 2008「律令国家と海部」『支配の古代史』学生社

第四章

学習研究社編 2003『週刊 神社紀行』14・21・39 学習研究社
芸術新潮編集部編 2016『神々が見える 神社一〇〇選』新潮社
高野陽子 2014「古墳時代前期の導水祭祀——京丹後市浅後谷南遺跡の再評価」『古墳出現期土器研究』第2号
辰巳和弘 1988「古代地域王権と水の祭儀」日野昭博士還暦記念論文集『歴史と伝承』永田文昌堂
坂　靖 2020『ヤマト王権の古代学——「おおやまと」の王から倭国の王へ』新泉社
坂　靖・青柳泰介 2011『葛城の王都・南郷遺跡群』新泉社
穂積裕昌 1994「古墳時代の湧水点祭祀について」『考古学と信仰』同志社大学考古学シリーズ刊行会、のち『古墳時代の喪葬と祭祀』雄山閣 2012 に収録

第五章

岡田荘司 1994『平安時代の国家と祭祀』続群書類従完成会
学習研究社編 2003『週刊神社紀行』8・11 学習研究社
新谷尚紀 2009『伊勢神宮と出雲大社——「日本」と「天皇」の誕生』講談社選書メチエ
平林章仁 2007『神々と肉食の古代史』吉川弘文館

和田　萃編 1998『大神と石上』筑摩書房

第六章

稲垣栄三 1973『古代の神社建築』至文堂
学習研究社編 2002・03『週刊　神社紀行』2・6・7・14・25・28・30　学習研究社
国立歴史民俗博物館編 2006『日本の神々と祭り――神社とは何か？』国立歴史民俗博物館
小林太市郎 1946「辟邪絵に就いて」『大和絵史論』全国書房
白原由紀子 2011「概説　春日の風景」『春日の風景――麗しき聖地のイメージ』根津美術館
新谷尚紀 2009『伊勢神宮と出雲大社――「日本」と「天皇」の誕生』講談社選書メチエ
新谷尚紀 2018『神道入門――民俗伝承学から日本文化を読む』ちくま新書
三浦正幸 2013『神社の本殿』吉川弘文館
三好和義・岡野弘彦ほか 2004『賀茂社　上賀茂神社・下鴨神社』淡交社

第七章

学習研究社編 2002『週刊　神社紀行』5　学習研究社
篠原四郎 1969『熊野大社』学生社
新谷尚紀 2011『民俗学とは何か――柳田・折口・渋沢に学び直す』吉川弘文館
宮家　準 1992『熊野修験』吉川弘文館
宮地直一 1954『熊野三山の史的研究』国民信仰研究社
柳田國男 1910「遠野物語」（『定本柳田國男集』四巻、筑摩書房）
1913「山人外伝資料」（『定本柳田國男集』四巻、筑摩書房）
1917「山人考」（『定本柳田國男集』四巻、筑摩書房）

第八章

日本放送協会 1997『世界遺産登録記念　厳島神社千四百年の歴史』ＮＨＫ広島放送局
国立歴史民俗博物館 2006『日本の神々と祭り——神社とは何か？』
島谷弘幸 2006「装飾経の流行と平家納経」『日本の神々と祭り——神社とは何か？』国立歴史民俗博物館
新谷尚紀 2009『伊勢神宮と出雲大社——「日本」と「天皇」の誕生』講談社選書メチエ
2018『神道入門——民俗伝承学から日本文化を読む』ちくま新書
2018「宗像三女神」『季刊考古学』別冊27　雄山閣
末木文美士 2003『中世の神と仏』山川出版社
奈良国立博物館 2005『厳島神社国宝展』読売新聞大阪本社
広島県編 1984『広島県史　中世　通史Ⅱ』
三浦正幸 2006「厳島神社の社殿」『日本の神々と祭り—神社とは何か？』国立歴史民俗博物館
2013『神社の本殿』吉川弘文館

第九章

今石みぎわ 2018「ニソの杜の樹林文化」『大島半島のニソの杜の習俗調査報告書』おおい町教育委員会
今井三千穂 2018「各杜の植生分布の概要」『大島半島のニソの杜の習俗調査報告書——資料編』おおい町教育委員会
おおい町立郷土史料館 2018a『大島半島のニソの杜の習俗調査報告書』おおい町教育委員会
2018b『大島半島のニソの杜の習俗調査報告書——資料編』おおい町教育委員会
2019『ニソの杜と先祖祭り』おおい町教育委員会
折口信夫 1928「大嘗祭の本義」『國學院雑誌』34巻9・1号（『折口信夫全集』三巻）
黒田迪子 2018「鍛冶の神々とふいご祭りの民俗伝承」『民俗伝承学の視点と方法』吉川弘文館

新谷尚紀 2000『神々の原像――祭祀の小宇宙』吉川弘文館
2019「ニソの杜とは何か」『ニソの杜と先祖祭り』おおい町教育委員会
関沢まゆみ 2020「若狭のニソの杜の祭地と水源」『國學院雑誌』121巻8号
橋本鉄男 1960「ニソの杜」『近畿民俗』26号
堀　一郎 1951『民間信仰』岩波全書
安間　清 1980『柳田國男の手紙――ニソの杜民俗誌』大和書房
柳田國男 1913・14「巫女考」『郷土研究』(『定本柳田國男集』九巻)
1914・15「毛坊主考」『郷土研究』(『定本柳田國男集』九巻)
1938『木綿以前の事』創元選書(『定本柳田國男集』一四巻)

第一〇章

金関　恕 1982「神を招く鳥」『考古学論考　小林行雄博士古稀記念論文集』平凡社(『考古学と精神文化』雄山閣 2017)
金関　恕・佐原　真 1987『弥生文化の研究』雄山閣
新谷尚紀 1987『ケガレからカミへ』木耳社
2019「ニソの杜とは何か」『ニソの杜と先祖祭り』おおい町教育委員会

講談社現代新書　2646

神社《じんじゃ》とは何《なに》か

二〇二一年一二月一四日第一刷発行

著　者　新谷《しんたに》尚紀《たかのり》　© Takanori Shintani 2021

発行者　鈴木章一

発行所　株式会社講談社

東京都文京区音羽二丁目一二―二一　郵便番号一一二―八〇〇一

電　話　〇三―五三九五―三五二一　編集（現代新書）

〇三―五三九五―四四一五　販売

〇三―五三九五―三六一五　業務

装幀者　中島英樹

印刷所　株式会社新藤慶昌堂

製本所　株式会社国宝社

定価はカバーに表示してあります　Printed in Japan

N.D.C. 380　255p　18cm

ISBN978-4-06-526728-8

「講談社現代新書」の刊行にあたって

教養は万人が身をもって養い創造すべきものであって、一部の専門家の占有物として、ただ一方的に人々の手もとに配布され伝達されうるものではありません。

しかし、不幸にしてわが国の現状では、教養の重要な養いとなるべき書物は、ほとんど講壇からの天下りや単なる解説に終始し、知識技術を真剣に希求する青少年・学生・一般民衆の根本的な疑問や興味は、けっして十分に答えられ、解きほぐされ、手引きされることがありません。万人の内奥から発した真正の教養への芽ばえが、こうして放置され、むなしく滅びさる運命にゆだねられているのです。

このことは、中・高校だけで教育をおわる人々の成長をはばんでいるだけでなく、大学に進んだり、インテリと目されたりする人々の精神力の健康さえもむしばみ、わが国の文化の実質をまことに脆弱なものにしています。単なる博識以上の根強い思索力・判断力、および確かな技術にささえられた教養を必要とする日本の将来にとって、これは真剣に憂慮されなければならない事態であるといわなければなりません。

わたしたちの「講談社現代新書」は、この事態の克服を意図して計画されたものです。これによってわたしたちは、講壇からの天下りでもなく、単なる解説書でもない、もっぱら万人の魂に生ずる初発的かつ根本的な問題をとらえ、掘り起こし、手引きし、しかも最新の知識への展望を万人に確立させる書物を、新しく世の中に送り出したいと念願しています。

わたしたちは、創業以来民衆を対象とする啓蒙の仕事に専心してきた講談社にとって、これこそもっともふさわしい課題であり、伝統ある出版社としての義務でもあると考えているのです。

一九六四年四月　野間省一

宗教

Ⓒ

日本史Ⅰ

Ⓖ

日本史Ⅱ

世界史Ⅰ

834 ユダヤ人――上田和夫
930 フリーメイソン――吉村正和
934 大英帝国――長島伸一
968 ローマはなぜ滅んだか　弓削達
1017 ハプスブルク家――江村洋
1019 動物裁判――池上俊一
1076 デパートを発明した夫婦　鹿島茂
1080 ユダヤ人とドイツ――大澤武男
1088 ヨーロッパ「近代」の終焉――山本雅男
1097 オスマン帝国――鈴木董
1151 ハプスブルク家の女たち　江村洋
1249 ヒトラーとユダヤ人　大澤武男
1252 ロスチャイルド家　横山三四郎
1282 戦うハプスブルク家　菊池良生
1283 イギリス王室物語――小林章夫
1321 聖書vs.世界史――岡崎勝世
1442 メディチ家――森田義之
1470 中世シチリア王国――高山博
1486 エリザベスI世――青木道彦
1572 ユダヤ人とローマ帝国　大澤武男
1587 傭兵の二千年史――菊池良生
1664 新書ヨーロッパ史 中世篇　堀越孝一 編
1673 神聖ローマ帝国――菊池良生
1687 世界史とヨーロッパ　岡崎勝世
1705 魔女とカルトのドイツ史――浜本隆志
1712 宗教改革の真実――永田諒一
2005 カペー朝――佐藤賢一
2070 イギリス近代史講義――川北稔
2096 モーツァルトを「造った」男――小宮正安
2281 ヴァロワ朝――佐藤賢一
2316 ナチスの財宝――篠田航一
2318 ヒトラーとナチ・ドイツ　石田勇治
2442 ハプスブルク帝国――岩崎周一

世界史Ⅱ

959 東インド会社——浅田實
971 文化大革命——矢吹晋
1085 アラブとイスラエル 高橋和夫
1099 「民族」で読むアメリカ 野村達朗
1231 キング牧師とマルコムX 上坂昇
1306 モンゴル帝国の興亡〈上〉——杉山正明
1307 モンゴル帝国の興亡〈下〉——杉山正明
1366 新書アフリカ史——宮本正興・松田素二 編
1588 現代アラブの社会思想 池内恵
1746 中国の大盗賊・完全版——高島俊男
1761 中国文明の歴史——岡田英弘
1769 まんが パレスチナ問題 山井教雄
1811 歴史を学ぶということ 入江昭
1932 都市計画の世界史——日端康雄
1966 〈満洲〉の歴史——小林英夫
2018 古代中国の虚像と実像 落合淳思
2025 まんが 現代史——山井教雄
2053 〈中東〉の考え方——酒井啓子
2120 居酒屋の世界史——下田淳
2182 おどろきの中国 橋爪大三郎 大澤真幸 宮台真司
2189 世界史の中のパレスチナ問題 臼杵陽
2257 歴史家が見る現代世界 入江昭
2301 高層建築物の世界史 大澤昭彦
2331 続 まんが パレスチナ問題 山井教雄
2338 世界史を変えた薬 佐藤健太郎
2345 鄧小平——エズラ・F・ヴォーゲル 聞き手＝橋爪大三郎
2386 〈情報〉帝国の興亡——玉木俊明
2409 〈軍〉の中国史——澁谷由里
2410 入門 東南アジア近現代史 岩崎育夫
2445 珈琲の世界史——旦部幸博
2457 世界神話学入門——後藤明
2459 9・11後の現代史 酒井啓子

自然科学・医学

1141 安楽死と尊厳死――保阪正康
1328 「複雑系」とは何か――吉永良正
1343 カンブリア紀の怪物たち　サイモン・コンウェイ・モリス　松井孝典 監訳
1500 科学の現在を問う　村上陽一郎
1511 優生学と人間社会――米本昌平 松原洋子 橳島次郎 市野川容孝
1689 時間の分子生物学――粂和彦
1700 核兵器のしくみ――山田克哉
1706 新しいリハビリテーション　大川弥生
1786 数学的思考法――芳沢光雄
1805 人類進化の700万年　三井誠
1813 はじめての〈超ひも理論〉　川合光
1840 算数・数学が得意になる本　芳沢光雄
1861 〈勝負脳〉の鍛え方――林成之
1881 「生きている」を見つめる医療――中村桂子 山岸敦
1891 生物と無生物のあいだ　福岡伸一
1925 数学でつまずくのはなぜか　小島寛之
1929 脳のなかの身体――宮本省三
2000 世界は分けてもわからない　福岡伸一
2023 ロボットとは何か――石黒浩
2039 ソーシャルブレインズ入門　藤井直敬
2097 〈麻薬〉のすべて――船山信次
2122 量子力学の哲学――森田邦久
2166 化石の分子生物学――更科功
2191 DNA医学の最先端　大野典也
2204 森の力――宮脇昭
2219 宇宙はなぜこのような宇宙なのか――青木薫
2226 「人体」の不思議宇宙生物学で読み解く――吉田たかよし
2244 呼鈴の科学――吉田武
2262 生命誕生――中沢弘基
2265 SFを実現する――田中浩也
2268 生命のからくり――中屋敷均
2269 認知症を知る――飯島裕一
2292 認知症の「真実」――東田勉
2359 ウイルスは生きている　中屋敷均
2370 明日、機械がヒトになる　海猫沢めろん
2384 ゲノム編集とは何か　小林雅一
2395 不要なクスリ 無用な手術　富家孝
2434 生命に部分はない――A・キンブレル　福岡伸一 訳

哲学・思想Ⅰ

66 哲学のすすめ——岩崎武雄
159 弁証法はどういう科学か 三浦つとむ
501 ニーチェとの対話——西尾幹二
871 言葉と無意識——丸山圭三郎
898 はじめての構造主義 橋爪大三郎
916 哲学入門一歩前——廣松渉
921 現代思想を読む事典 今村仁司 編
977 哲学の歴史——新田義弘
989 ミシェル・フーコー 内田隆三
1001 今こそマルクスを読み返す 廣松渉
1286 哲学の謎——野矢茂樹
1293 「時間」を哲学する——中島義道
1315 じぶん・この不思議な存在——鷲田清一
1357 新しいヘーゲル——長谷川宏
1383 カントの人間学——中島義道
1401 これがニーチェだ——永井均
1420 無限論の教室——野矢茂樹
1466 ゲーデルの哲学——高橋昌一郎
1575 動物化するポストモダン 東浩紀
1582 ロボットの心——柴田正良
1600 ハイデガー=存在神秘の哲学——古東哲明
1635 これが現象学だ——谷徹
1638 時間は実在するか 入不二基義
1675 ウィトゲンシュタインはこう考えた 鬼界彰夫
1783 スピノザの世界——上野修
1839 読む哲学事典——田島正樹
1948 理性の限界——高橋昌一郎
1957 リアルのゆくえ——大塚英志 東浩紀
1996 今こそアーレントを読み直す——仲正昌樹
2004 はじめての言語ゲーム——橋爪大三郎
2048 知性の限界——高橋昌一郎
2050 超解読！ はじめてのヘーゲル『精神現象学』 竹田青嗣 西研
2084 はじめての政治哲学 小川仁志
2099 超解読！ はじめてのカント『純粋理性批判』 竹田青嗣
2153 感性の限界——高橋昌一郎
2169 超解読！ はじめてのフッサール『現象学の理念』——竹田青嗣
2185 死別の悲しみに向き合う——坂口幸弘
2279 マックス・ウェーバーを読む——仲正昌樹

哲学・思想Ⅱ

日本語・日本文化

世界の言語・文化・地理

政治・社会

心理・精神医学

331 異常の構造――木村敏
590 家族関係を考える――河合隼雄
725 リーダーシップの心理学――国分康孝
824 森田療法――岩井寛
1011 自己変革の心理学――伊藤順康
1020 アイデンティティの心理学 鑪幹八郎
1044 〈自己発見〉の心理学 国分康孝
1241 心のメッセージを聴く 池見陽
1289 軽症うつ病――笠原嘉
1348 自殺の心理学――高橋祥友
1372 〈むなしさ〉の心理学 諸富祥彦
1376 子どものトラウマ――西澤哲
1465 トランスパーソナル心理学入門――諸富祥彦
1787 人生に意味はあるか 諸富祥彦
1827 他人を見下す若者たち 速水敏彦
1922 発達障害の子どもたち――杉山登志郎
1962 親子という病――香山リカ
1984 いじめの構造――内藤朝雄
2008 関係する女 所有する男――斎藤環
2030 がんを生きる――佐々木常雄
2044 母親はなぜ生きづらいか――香山リカ
2062 人間関係のレッスン 向後善之
2076 子ども虐待――西澤哲
2085 言葉と脳と心――山鳥重
2105 はじめての認知療法――大野裕
2116 発達障害のいま――杉山登志郎
2119 動きが心をつくる――春木豊
2143 アサーション入門――平木典子
2180 パーソナリティ障害とは何か――牛島定信
2231 精神医療ダークサイド 佐藤光展
2344 ヒトの本性――川合伸幸
2347 信頼学の教室――中谷内一也
2349 「脳疲労」社会――徳永雄一郎
2385 はじめての森田療法 北西憲二
2415 新版 うつ病をなおす 野村総一郎
2444 怒りを鎮める うまく謝る 川合伸幸

L

文学